Freundinnen

Ute Karen Seggelke

Freundinnen

Gemeinsam sind wir unschlagbar ...

Gerstenberg Verlag

Inhalt

Von der Freundschaft

Bei der Arbeit an meinem ersten Buch, »Frauen über 50«, wurde mir erst bewusst, welch eine große Bedeutung Frauenfreundschaften im Leben der meisten Frauen haben. Und aus der Erkenntnis heraus entstand die Idee zu diesem Buch.

Die Gespräche, die ich mit den hier vorgestellten Frauen führte, und die Erfahrungen, die ich in der Entstehungsphase dieses Buches sammelte, waren beglückend und intensiv: Es war, als öffnete sich mir ein neuer Lebensraum. Ich entdeckte, welche Kraft aus diesen Frauenallianzen erwächst, welche immense Wichtigkeit die Freundschaft für die einzelnen Frauen hat. Und welch große Bedeutung Frauenfreundschaften auch gesellschaftlich haben.

Vertrauen, Fürsorge, Achtsamkeit, Respekt, Verantwortung, Zuwendung: Das sind die wesentlichen Elemente der Frauenfreundschaften. Verena Kast stellt in ihrem Buch »Die beste Freundin« fest, dass zwischen Freundinnen eine ganz eigene spannende Beziehungskultur gelebt wird, die Modellcharakter haben könnte gegen die narzisstische Allmacht der Alleingänger. Dieselbe Feststellung machte ich bei meinen Gesprächen mit den Frauen, nämlich dass Probleme und Konflikte, auch miteinander, sachlich ausdiskutiert werden auf der Basis von Toleranz sowie einem alles umschließenden Vertrauen. »Gemeinsam sind wir unschlagbar«, sagen zwei der Freundinnen stellvertretend für die meisten; zu Krisensituationen bemerken sie: »Ohne meine Freundin hätte ich das nicht durchgestanden.« Und auf meine Frage nach Rivalität und Neid reagierten die meisten Frauen mit Unverständnis. Eindrucksvoll war auch, was ich bei meinen Gesprächen über die Partnerschaften erfuhr: Durch das emotional enge Verhältnis mit der Freundin sind die Erwartungen an den Lebenspartner anders. Die Beziehung zum Partner findet auf einer anderen Ebene statt. Bestimmte Themen oder Probleme müssen nicht mehr mit dem Partner diskutiert werden, denn dafür ist die Freundin da und dadurch ist die Partnerbeziehung entspannter. Allerdings wird es dem Partner nicht gestattet, sich zwischen die Freundinnen zu schieben. Und viele der Frauen sagen: »Unsere Freundschaft hat all meine Liebesbeziehungen überdauert.« Das stärkt und gibt Kraft, den Widrigkeiten des Lebens zu begegnen.

Die Gespräche wurden als Interviews geführt und entwickelten sich entlang einem Grundraster von Fragen, die jeder Frau einzeln gestellt wurden, ohne Beisein der Freundin. Besonders interessierte mich der erste Eindruck beim Kennenlernen und wie sich nach diesem ersten Zusammentreffen die jeweils besondere Freundschaftsform entwickelte. Häufig fielen Sätze wie dieser: »Ich war sofort fasziniert von ihr, und ich wusste, von dem Moment an waren wir Freundinnen.« Das klingt wie Liebe auf den ersten Blick, und in der Tat hat es auch damit zu tun ...

Alles in allem stelle ich fest, dass sich, von der Gesellschaft fast unbemerkt und manchmal sogar belächelt, in den Frauenfreundschaften eine Seite menschlicher Beziehungen entwickelt hat, nach der wir uns in dieser Idealform immer sehnen und die in Liebespartnerschaften nur gelegentlich aufblitzt. Wenn auch sexuelle Liebe eindeutig den Partnern vorbehalten bleibt, wird Erotik dennoch ganz selbstverständlich als zur Freundschaft gehörig empfunden. Liebe, das habe ich bei der Arbeit an diesem Buch gelernt, schwingt immer mit – eine entspannte, verlässliche Liebe, bei der Vertrauen eine ganz große Rolle spielt.

Ute Karen Seggelke

Mochlos, im Mai 2001

1995

JOELLE BERNARD UND MARIA AHLBACH-TSAGARAKIS

zweiundvierzig und siebenundvierzig

Fischerin und Touristikmanagerin

Maria Ahlbach-Tsagarakis

Freundschaft bedeutet für mich, einem Menschen zu vertrauen, mich ihm zu öffnen. Freundschaft heißt, füreinander da sein, miteinander lachen können, sich lieb haben können, miteinander streiten können. Alles ist lösbar in einer Freundschaft.

Ich habe viele, viele Freunde, aber erst seit ein paar Jahren habe ich eine richtig gute Freundin, und das ist Joelle. Sie ist meine Busenfreundin, meine Herzensfreundin, der ich alles sage, die alles über mich weiß und die immer für mich da ist, wenn es mir schlecht geht. Sie ist für meine Familie da und auch mit meinem Mann befreundet.

Joelle und ich hatten viele Jahre einfach nur ein Nachbarschaftsverhältnis. Man saß mal zufällig zusammen in einer Gruppe. Wir mochten uns ganz gerne, waren neugierig aufeinander, aber die Zeit für eine Freundschaft war noch nicht reif. Wir hatten total unterschiedliche Leben. Ich habe Manolis geheiratet, meine Kinder bekommen, und Joelle hatte mehrere Beziehungen hier auf Kreta. Ich bin ein sehr treuer Mensch. Ich habe Joelle etwas zwiespältig erlebt, weil sie gerne mal einen Flirt zwischendurch hatte. Damals machte sie Muschelschmuck für Touristen und arbeitete in den Oliven. Ich bin die ersten zwei Jahre nachts mit Manolis fischen gegangen, tagsüber haben wir bis mittags geschlafen und dann die Netze gesäubert. Mehr und mehr hat Joelle mich angeschaut und ich sie. Irgendwann sagte sie zu mir, dass sie sich gerne mal mit mir verabreden möchte, weil sie Interesse daran hätte, dass wir uns näher kämen. Ich hatte auch Lust und sagte: Okay, wir gehen zusammen einen Wein trinken, aber ich möchte, dass du ganz ehrlich mit mir bist und dass du mir jede Frage beantwortest. Ich hatte viele Fragen an sie. Also haben wir uns verabredet. Es war Winter in Mochlos, alle Kneipen waren geschlossen, nur Spiro hatte geöffnet.

Sie hatte sich fein gemacht, und ich hatte mich fein gemacht – wie zu einem Rendezvous. Wir zwei sind dann aufgetakelt zu Spiro in die Kneipe hinein, alle haben geguckt. Wir haben uns in eine Ecke gesetzt, eine Flasche bestellt, und dann haben wir angefangen zu reden. Auf meine Fragen hat sie ganz ehrlich geantwortet, und ich habe viele Dinge besser verstanden. Wir beschlossen, uns öfter zu verabreden. Damit wurde der Grundstein für unsere Freundschaft gelegt. Das ist jetzt sechs, sieben Jahre her. Joelle ist eine Person, die nicht schnell Freundschaften schließt, und ich war bei ihr auch ein bisschen vorsichtig. Aber langsam merkte ich, dass ich in ihr endlich einen Menschen gefunden hatte, dem ich Vertrauen schenken konnte.

Ich mag an Joelle ihre Kraft – sie steht ihren Mann. Sie lebt alleine, ist eine unabhängige Frau, die alleine fischen geht und die keinen Mann in ihrem Leben braucht. Sie bewerkstelligt alles alleine hier, ihr Leben als Ausländerin in einem kleinen kretischen Dorf. Das bewundere ich an ihr. Sie ist ein sehr fröhlicher Mensch. Wenn wir zusammen sind, können wir stundenlang erzählen und lachen, lachen, lachen. Wir können zusammen Blödsinn machen und wie die Kinder tanzen. Sie hat Interesse an Büchern, an Kultur, an Filmen, an Musik. Joelle kocht gerne und hat gerne Gäste. Ich bin froh, dass sie nicht verheiratet ist und keine Kinder hat, denn dadurch ist das Thema Kinder und Haushalt überhaupt nicht wichtig. Es gibt wirklich nur uns zwei mit unseren Interessen und unseren Wünschen, mit unseren Freuden und unserem Weinen. Das Wesentliche unserer Freundschaft ist Vertrauen,

ist füreinander da zu sein, in allem, in der Freude, im Leid, im Schmerz, auch im Streit. Mittlerweile haben wir eine ganz tiefe Basis. Wir können uns alles sagen. Ich kritisiere Joelle, Joelle kritisiert mich. Manchmal ist das sehr unbequem, weil sie mir einen Spiegel vor die Nase hält. Aber ich schätze diese Offenheit und habe gelernt, dass Kritik etwas ausgesprochen Positives ist. Joelle und ich sind so eng zusammengewachsen, in Gedanken, auch in Verhaltensweisen, sodass die Menschen, wenn wir gemeinsam irgendwo auftreten, fast ein bisschen Angst vor uns haben, weil wir soviel Kraft haben, sehr ehrlich in unseren Äußerungen und dadurch unbequem sind. Andererseits schätzen sie unsere Anwesenheit auch, weil wir Pep in eine Sache bringen – wir zwei können eine Party schmeißen.

Manchmal gibt es Konflikte: Wir streiten, wir weinen, ich gehe wütend aus dem Haus, Joelle geht wütend aus dem Haus und knallt die Tür hinter sich zu. Neulich habe ich einen Fehler gemacht und mich entschuldigt. Joelle war aber so wütend, hat auf der Straße vor den Nachbarn geschrien. Und ich habe gesagt: Wir reden sofort. Dann wird sofort geredet, sofort geklärt, und danach ist es in Ordnung. Später kommt vielleicht noch eine kleine Stichelei, und dann lachen wir darüber. Zwischen uns gibt es weder Neid noch Eifersucht. Sie hat auch eine eigene Freundschaft mit Manolis, meinem Mann. Wenn ich abends früh ins Bett gehe, weil ich morgens um sechs Uhr mit den Kindern aufstehe, geht er abends oft noch zu Joelle, und sie gucken einen Film oder fangen nachts um zwölf Uhr noch an zu kochen. Das finde ich voll in Ordnung, da ist überhaupt keine Eifersucht.

Nur die Winterzeit, wenn Joelle nach Belgien geht, ist für mich sehr schwierig und kostet mich viel Kraft. Daran möchte ich jetzt noch gar nicht denken. Aber wir bleiben trotzdem in Kontakt. Ich kann jederzeit anrufen und mich bei ihr auskotzen. Oder sie ruft an und fragt mich, wie es mir geht und was ich so mache. Ich sorge in der Zeit für ihre Katzen und gucke, dass bei ihr nichts überschwemmt wird. Manchmal, wenn ich für mich sein will, setze ich mich in ihr Häuschen, dann bin ich auch bei ihr. Joelle ist immer in meinen Gedanken. Wir sind uns sehr nahe und immer füreinander da. Wenn sie mir zum Beispiel abends sagt: Mir geht es nicht so gut, ich habe wieder Asthma, ist es ganz klar, dass ich morgens zu ihr gehe und frage: Wie war die Nacht? Brauchst du etwas? Oder sie kommt mittags vorbei, weil sie Hunger hat, und fragt mich: Hast du etwas gekocht? Dann geht sie an den Topf und isst. Sie ist bei mir zu Hause, und ich bin bei ihr zu Hause. Sie ist ein Teil meiner Familie. Finanziell können wir uns nicht helfen, weil wir beide nichts haben.
Wir helfen uns, indem wir uns gegenseitig durchfüttern. Wir gehen Schnecken sammeln und kochen sie gemeinsam. Es hilft uns, Liebe füreinander zu haben, dem anderen die Kraft zu geben, weiterzumachen. Wenn Joelle frühmorgens weiß, dass schlechtes Wetter ist, und das Boot ist draußen, und jemand muss sie hinausrudern, kommt sie zu mir, nicht zu einem griechischen Mann. Und wir zwei Mädels machen das dann mit dem Boot. Sie weiß genau, sie kann sich immer auf mich verlassen. Wenn es nachts stürmt, stehe ich auf und helfe ihr mit dem Boot. Es gibt Momente, da sagt sie im Spaß: Also, im nächsten Leben heirate ich dich, Maria. Wenn wir in der Bar Blues zusammen tanzen, so ganz eng, die Brüste aneinander, dann fühle ich etwas ganz Warmes, Erotisches. Ich finde Frauen total schön, ich mag sie drücken und küssen, aber eine sexuelle Beziehung wäre für mich nicht denkbar. Ich mag Männer zu gerne. Ich bin verheiratet, und mit meinem Partner möchte ich gemeinsam alt werden, aber mittlerweile denke ich, ich möchte auch sehr gerne mit Joelle alt werden, hier in Mochlos. Dann können wir unsere Freundschaft bis zum Ende unserer Tage haben. Das ist mir sehr wichtig, eigentlich fast wichtiger als die Partnerschaft mit meinem Mann.

Maria Ahlbach-Tsagarakis

JOELLE BERNARD

JOELLE BERNARD

Freundschaft ist für mich etwas sehr Emotionales. Der Kern ist Liebe, ein ganz tiefes Gefühl für jemanden. Die Basis ist das Vertrauen und die Möglichkeit, sich selbst zu öffnen, seine eigene Verletzlichkeit zu zeigen, zu geben und zu helfen, ohne zu fragen.

Maria und ich kennen uns schon lange. Sie kam einige Monate nach mir hierher nach Kreta, vor ungefähr zwanzig Jahren. Aber wir waren nicht gleich Freundinnen. Sie war mit ihrem Leben mit Manolis beschäftigt und ich mit meinen Beziehungsgeschichten. Für mich war es wichtig, mit den einheimischen Leuten zusammen zu sein. So vergingen viele Jahre; wir fühlten Sympathie füreinander, hatten aber keine Freundschaft.

Die wirkliche Freundschaft begann an einem bestimmten Tag. Wir entschieden, aktiv etwas zu arrangieren, und wir verabredeten uns auf eine sehr schöne Weise. Es war Winter, alles war geschlossen, nur das Kafenion von Spiro für die alten Fischer war geöffnet, und dort trafen wir uns. Ohne uns darüber verständigt zu haben, hatten wir uns beide fein herausgeputzt, was nicht unbedingt der Stil von Mochlos ist. Wir sahen wirklich schön und weiblich aus. Wir fühlten uns wie bei einem Rendezvous, und es war richtig aufregend. Wir sprachen an diesem Abend über vieles, auch darüber, dass wir aktiver in unserem Kontakt zueinander werden wollten. Das ist etwa acht Jahre her. Sicher empfanden wir nicht von Anfang an dasselbe darüber, was es bedeutet, sich um Freundschaft zu kümmern. Aber langsam fanden wir einen gemeinsamen Weg, und unsere Freundschaft wuchs und wurde immer tiefer und reicher. Ich erlebte Maria als eine starke und praktische Frau, sehr engagiert, immer beschäftigt, mit vielen Menschen um sie herum. Am Anfang fischte sie, und später managte sie das Hotel »Sofia«. Sie war immer fröhlich, extrovertiert, mit einem starken Charakter und viel Humor. Als ich sie besser kennen lernte, fand ich heraus, dass sie noch viele andere Seiten hat.

Die Geschichte unserer Freundschaft ist wirklich eine Liebesgeschichte. Sie konnte wachsen, weil wir entdeckten, dass wir gemeinsame Interessen und oft dieselbe Anschauung über die Dinge hatten. Es bedeutete enorm viel für mich, mit ihr diskutieren zu können. Am Anfang waren es Dinge, die unser Leben in Mochlos betrafen, und allmählich wurden es mehr und mehr persönliche Dinge. Jetzt ist Maria ein Teil meines Lebens, wir sind gefühlsmäßig eng miteinander verbunden. Ich fühle mich niemals alleine, auch nicht, wenn etwas Schlimmes passiert. Maria weiß, ich bin für sie da, und ich weiß, sie ist für mich da. Darüber müssen wir nicht lange reden, es ist selbstverständlich. Weil ich keine Familie habe, kann ich Maria helfen, nicht nur Mutter, sondern auch Frau zu sein. Unsere Gespräche drehen sich um andere Dinge als Haushalt und Muttersein. Aber es ist schön für mich, an ihrem Familienleben teilzuhaben. Wenn Maria nicht da ist, kommen die Kinder zu mir. Manolis, Marias Mann, war nie auf unsere Beziehung eifersüchtig. Ich glaube, er mag es sehr gerne, dass wir Freundinnen sind, und ich habe auch eine besondere Freundschaft mit ihm. Ich bin manchmal mit ihm alleine, manchmal zusammen mit der Familie, oder wir drei sind ohne die Kinder zusammen, wie erwachsene Freunde.

Selten passieren Dinge, über die wir streiten, aber wenn, dann geht mein Temperament mit mir durch. Wenn etwas passiert, was ich nicht mag, fühle ich mich verletzt. Warum tut Maria so etwas? Hat sie die Liebe vergessen? Ich habe dazu keinen Abstand, und es tut mir weh. Da war zum Beispiel ein Sonntag, wir hatten keine Pläne, und Manolis schlug vor, dass wir Fisch in meinem Haus kochen und zusammen essen könnten. So bereitete ich alles vor, aber sie kamen nicht. Ich wartete eine Stunde, zwei Stunden. Sie aber waren in der Taverne mit dem Bruder von Manolis. Ich hätte es wirklich vorgezogen, wenn Manolis mich angerufen hätte: Das Programm hat sich geändert, nimm den Fisch und komm her. Aber ich wartete, und es war, als ob sie nicht mehr an mich denken würden. Ich war ver-

schwunden aus ihrem Leben. Ich mache es dann wirklich dramatisch. Es kann dann passieren, dass ein Tag vorbeigeht, weil ich alleine sein will. Aber wir sprechen doch möglichst schnell darüber, und dann umarmen wir uns. Ein großer Teil ihres und meines Lebens ist miteinander vermischt. Wir leben hier so nahe zusammen, wir sehen uns täglich.

Im Sommer ist es etwas anders, da haben wir nicht so viel Zeit füreinander. Ich arbeite sehr viel, und schütze mich auch vor all diesen Leuten, die kommen und gehen. Sicher, die Gäste mögen es, wenn sie jemanden von hier mit am Tisch haben, aber ich will ja keine öffentliche Attraktion sein. Im August brauchte ich immer jemanden, der mir bei den Seeigeln hilft. Maria konnte zwar wegen der Kinder nicht mit mir aufs Meer kommen, aber sie wartete morgens am Hafen auf mich, half mir mit dem Boot und den vielen Kisten mit Seeigeln. Danach haben wir zwei, drei Stunden am Meer vor der schmalen Kirche mit den großen Bäumen zusammen gearbeitet. Wir haben es genossen, obwohl wir komplett voll mit Seeigelstacheln waren. Wir hatten die gemeinsame Arbeit, manchmal sprachen wir eine Stunde nicht, und manchmal hatten wir uns viel zu sagen. Es war wirklich sehr schön. Ich kam am Morgen nach dem Fischen zurück, ein bisschen müde, und Maria war da und wartete auf mich. Im Winter ist es schwierig, weil ich für einige Monate nach Belgien fahre, um Geld zu verdienen.

Es ist jedesmal ein emotionaler Schock, wenn ich abfahre und wenn ich zurückkomme, besonders für Maria. Die Winter hier sind nicht so lustig, manchmal sehr einsam. Wir telefonieren nicht viel, wenn ich in Belgien bin, aber wir wissen, es gibt die Freundin. Dennoch werde ich sehr glücklich sein, wenn ich damit aufhören kann. Die Beziehung, die ich mit Maria habe, ist etwas sehr Beständiges, eine beständige Liebe, ganz anders als die, die ich mit Männern habe. Da ist immer so viel Leidenschaft, dass ich mich verliere und nicht länger weiß, wer ich bin. Maria und ich stärken uns gegenseitig. Ich werde nie

einen Mann in diese Beziehung kommen lassen, und ich weiß, Maria wird das auch nicht zulassen. Wenn ich eine Beziehung zu einem Mann habe, schließe ich die Fenster nach außen, in der Beziehung mit Maria habe ich alle Fenster geöffnet.
Unsere Liebe ist auch erotisch, aber nicht sexuell. Wir mögen uns gerne anfassen, uns massieren, uns umarmen. Wir tanzen gerne zusammen. Ich habe mit ihr viel Fröhlichkeit, aber wir können auch miteinander traurig sein und können uns dann helfen. Vor zehn Jahren habe ich nicht darüber nachgedacht, wie mein Leben im Alter sein wird. Aber jetzt habe ich viele Bilder im Kopf, und Maria ist ebenfalls in diesen Bildern. Wir sprechen mit Vergnügen darüber, zusammen alt zu werden.
Es war sehr schön, über meine Freundin und meine Freundschaft mit Maria zu sprechen, weil ich sie sehr liebe.

Barbara Auer 1982 von Janine Guldener fotografiert

Barbara Auer und Janine Guldener

zweiundvierzig und vierundvierzig

Schauspielerin und Fotografin

Freundschaft ist für mich etwas Lebensbegleitendes, sie ist für mich ganz wichtig, und sie hat meine Liebesbeziehungen meistens überdauert.

Ich habe zwei ganz enge Freundinnen, eine davon ist Janine. Wir lernten uns 1981 kennen, kurz nachdem ich als Anfängerin nach Mainz ans Theater gekommen war. Dort war auch Janines Mann als Schauspieler engagiert. Das erste Mal habe ich sie auf einem so genannten Abstecher gesehen. Wir sind damals vom Theater aus nach Luxemburg gefahren, und dabei hat Janine ihren Mann begleitet. Ich habe immer nur diese Frau angesehen und war ein bisschen neidisch. Ich fühlte mich alleine, sah die beiden und dachte: Der Rainer hat eine interessante Frau. Aber richtig kennen gelernt habe ich Janine erst ein halbes, dreiviertel Jahr später, als sie mich zu sich nach Hause eingeladen haben. Da war Janine hochschwanger, und bei ihr waren ganz andere Sachen angesagt als bei mir. So war es dann später in unserer Freundschaft eigentlich immer. Wir hatten einen völlig unterschiedlichen Lebensrhythmus. An Kinder dachte ich selber damals überhaupt noch nicht, aber Janines Schwangerschaft fand ich unglaublich spannend. Diese Frau hat mich fasziniert, obwohl sie zu Hause saß – sie und ihr Mann hatten ihre Wohnung ganz klassisch mit Kinderzimmer eingerichtet –, und sie hatte diesen dicken Bauch mit dem Baby, das bald kommen sollte.

Ich habe es immer genossen, bei ihr zu sein, konnte mir aber nicht vorstellen, so wie sie zu leben, jedenfalls noch nicht. Ich war gerade frisch am Theater, ich wollte unbedingt wieder weg aus der Provinz, und ich wollte entdeckt werden. Dennoch war zwischen uns von Anfang an eine große Nähe spürbar, so eine Art Urvertrauen, das ich kaum einem anderen Menschen gegenüber habe. Ich würde sie als den Menschen bezeichnen, der mir seelisch am nächsten steht. Dieses Grundgefühl ist unabhängig davon, was man in einer Freundschaft füreinander leistet. Wir sehen uns selten, sprechen uns nur sporadisch, manchmal wochenlang gar nicht. Trotzdem ist sie mir am nächsten.

Es gibt nichts an ihr, was ich nicht mag. Ihr Leben hat sich inzwischen sehr verändert. Janine ist Fotografin, sie arbeitet mittlerweile sehr viel, und sie ist erfolgreich. Ihre Art, mit Dingen umzugehen, mochte ich immer. Ich mag gerne zugucken, wie sie fotografiert, wie sie mit ihren Händen gestikuliert, wie sie schreibt – eben all die Dinge, die man beobachtet, wenn man einen Menschen liebt. Und ich bin fasziniert von ihrer unbedingten Konzentration auf sich selbst, wenn sie mit etwas beschäftigt ist.

Weil wir uns schon so lange kennen, hat unsere Freundschaft eine grundlegende Beständigkeit. Ich hatte immer wieder Freundinnen, mit denen ich zuweilen mehr Zeit verbracht habe als mit Janine, da wir beide ja in verschiedenen Städten leben. Doch die anderen Freundschaften haben die zu Janine nie verdrängt. Janine ist die Besondere, die Freundin, die in meinem Herzen ist, obwohl sie in meinem Alltag selten eine Rolle spielt. Bei Janine und ihrem Mann Rainer hatte ich nie das Gefühl, zu stören. Es gibt Männer, denen Frauenfreundschaften äußerst suspekt sind. Vielleicht haben sie damit nicht unrecht, einfach, weil wir offener untereinander sind, einander mehr anvertrauen und aus diesem Vertrauen auch Kraft schöpfen. Martin, mein Lebensgefährte, kam ja später dazu, und er hat meine Freundinnen als einen spannenden, manchmal etwas exotischen Teil meines Lebens angenommen.

Bei einem Mann habe ich aber auch nie gesucht, was ich in einer Freundschaft mit einer Frau finde. Das sind für mich ganz verschiedene Welten. Janine hat in den zwanzig Jahren, die wir uns kennen, meine verschiedenen Beziehungen mitbekommen, auch die Trennungen, und sie hat mir sehr geholfen, sowohl praktisch als auch mit Rat und mit ihrer Lebensweisheit, einer Lebensweisheit mit dem Wissen um Menschsein und um Zusammenhänge, die sie schon sehr früh hatte. Ich hatte oft das Gefühl, dass sie gleichzeitig mit einem großen Herzen und mit einem gewissen Abstand auf die Welt schaut, während ich naiv und neugierig in jeden Fettnapf trete, den mir das Leben hinstellt. Und obwohl ich manche Lebensentscheidung getroffen habe, die Janine nie getroffen hätte und bei der das Scheitern vorprogrammiert war, hat sie mir immer das Gefühl gegeben, dass es für mich richtig war, so zu handeln, dass das eben Teil meines Lebens ist, und dass sie da ist, wenn ich mehr oder weniger gerupft wieder auftauche. Das heißt aber nicht, dass sie mir gegenüber kritiklos ist. Aber auch da spüre ich eben wieder dieses Urvertrauen.

Früher haben wir manchmal geträumt, miteinander alt zu werden. Durch die Beständigkeit unserer Freundschaft war mir dieser Gedanke näher als das Altwerden mit einem Mann. Inzwischen hat sich das verändert. Martin hat seinen festen Platz in meiner Vorstellung, und mit Janine sehe ich mich reisen. Ja, merkwürdig, aber ich habe das Gefühl, dass wir noch etwas gemeinsam zu entdecken haben. Dieses Jahr haben wir uns in Zürich bei einer anderen Freundin getroffen und dann bei Janine in München, das waren aber immer nur zwei, drei Tage. Da hatte zwar jede ihre Termine, aber wir haben uns dann immer danach getroffen, sind Essen gegangen und haben geredet. Mir fällt jetzt auf, dass wir sehr selten in Gesellschaft anderer zusammen sind, wahrscheinlich, weil die Zeit miteinander zu kostbar ist.

Wir reden eigentlich immer. Janine beschäftigt sich mit Buddhismus und Meditation, auch das ist mir nicht fremd. Wir reden über das, was wir gelesen haben, über Menschen, denen wir begegnet sind, natürlich auch über ganz profane Sachen, über die wir uns kaputtlachen können. Und dann reden wir wieder über den Schmerz und das Glück, wie wir uns fühlen, wo wir stehen, was sich verändert hat und was hinter dem Leben ist. Wir versuchen, mindestens jedes zweite Jahr ein paar Tage Urlaub zusammen zu machen. Jetzt wäre es wieder an der Zeit ... Ich glaube, wir sind beide auf die gleiche Art angetrieben, mit derselben Energie. Das ist schwer zu beschreiben, vielleicht hat es etwas mit Seelenverwandtschaft zu tun. Janine ist die Schwester, die ich mir in diesem Leben selbst ausgesucht habe – oder die ich wiedergefunden habe.

Janine Guldener

Barbara Auer

Freundschaft ist etwas sehr Seltenes. Für einen Freund oder eine Freundin will man nur das Beste, immer und ohne Grenzen. Sich selbst gibt man ganz, und weil man das mit fast niemandem kann, ist Freundschaft so selten.

Barbara und ich haben eine Uraltfreundschaft, wir haben uns 1981 in Mainz kennen gelernt. Mein Mann hatte dort ein Theaterengagement, und sie war Anfängerin am selben Theater. Ich kann mich noch sehr gut an den ersten Eindruck von ihr erinnern: Sie stand im Theater am Schwarzen Brett, um etwas nachzuschauen. Sie hatte blaue Jeansjacke, einen Minirock und rote Strümpfe an. Ich habe sie gesehen, und ich dachte: Wow, eine tolle Frau.

Ihr Anblick hat mich vom ersten Moment an getroffen, richtig im Herzen getroffen, das tun nur sehr wenige Menschen. Es war, als ob man sich schon lange kennt. Etwas später haben wir uns in der Theaterkantine wirklich kennen gelernt, und danach haben wir uns oft gesehen. Nie hätte ich gedacht, sie würde sich für eine schwangere Frau interessieren. Später kam sie oft nach der Vorstellung zu mir nach Hause, und dann haben wir unser Baby aus der Wiege genommen und es gebadet. Mein Sohn wurde immer nachts um halb zwölf gebadet, wenn die Barbara mich besuchen kam. Wir waren wie kleine Mädchen, die miteinander Puppen spielen.

Barbara und ich hatten schon damals vieles gemeinsam, und wir haben viel zusammen gelacht. Die Themen, die für mich wichtig waren, waren auch für sie wichtig, und umgekehrt. Ich habe immer sofort verstanden, was sie meinte. Wir haben für und gegen die gleichen Dinge gekämpft. Es war, als hätten wir eine gleiche Seele, als wären wir seelenverwandt. Das ist heute noch so: Manchmal sprechen wir uns drei, vier Monate nicht, brauchen aber keine halbe Sekunde und sind wie zusammengewachsen.

Bei Barbara stimmen das äußere Schöne und das innere Schöne überein. Ich mag ihre Frische, ihre Tiefe, ihre Ehrlichkeit, sie ist kompromisslos, sie ist eine Kämpferin, eine

Amazone. Wir sind beide Wahrheitssucher, und wir sind bereit, viel für die Wahrheit zu opfern. Wir wollen unabhängig sein, wir schwanken dazwischen, uns hingeben zu wollen und total autark sein zu wollen, und ich weiß, dass ich zu ihr kommen kann, wenn es mal ganz böse kommt und alle Stricke reißen.

Wir hatten Zeiten, in denen wir eng zusammen gelebt haben, da hat sie im selben Haus unter uns gewohnt. Jetzt lebt sie schon seit zehn Jahren sehr weit weg, aber das hat nichts an der Intensität unserer Freundschaft geändert. Unsere Nähe ist nicht abhängig davon, ob wir uns hören, uns sehen, Barbara ist wie ein Teil von mir. Ich denke ganz oft an sie, oft nur ein paar Momente lang. Sie ist einer der wenigen Fixpunkte in meinem Leben: Ich habe Barbara, die Arbeit, meine Religion und die Familie. Vielleicht gibt es noch ein, zwei andere Menschen, aber alles Übrige ist für mich austauschbar, das vergesse ich auch. Aber Barbara würde ich nie vergessen.

Das Charakteristische an unserer Freundschaft ist eine hohe gegenseitige Achtung und Bewunderung und ein wirkliches Sich-Mitteilen. Vor ihr halte ich nichts zurück. Ich versuche auch, ihr gegenüber nichts schöner zu machen oder anders zu zeigen, als es ist. Obwohl wir so unterschiedlich sind, haben wir eine Gleichheit. Früher fühlte ich so etwas wie Verantwortung für sie. Ich hatte das Gefühl, ich müsste sie beschützen, und ich war zornig auf die Leute, die sie geärgert haben. Das war völliger Schwachsinn, weil sie sich sehr gut selber schützen konnte.

Wir unternehmen fast nichts gemeinsam. Wenn wir uns sehen, setzen wir uns irgendwohin und reden. Wir reden über Frauen, über das Leben, über Männer und warum wir tun, was wir tun. Das ist eins unserer großen Themen. Wir reden darüber, wie man ist in der Welt, und wir reden viel über uns selber. Wir haben beide den festen Willen, nie etwas zwischen uns kommen zu lassen. Nie. An ernsthafte Konflikte kann ich mich nicht erinnern, und Neid oder Eifersucht gibt es zwischen uns nicht. Aber solche Gefühle kenne ich generell Frauen gegenüber kaum. Es kann sein, dass mein Mann manchmal ein bisschen neidisch auf unsere Nähe miteinander ist, aber er achtet unsere Freundschaft, und er weiß, dass ich nie etwas zwischen uns kommen lassen würde. Er spürt, dass meine Beziehung zu ihm etwas völlig anderes ist als die zu Barbara, dass mir mit ihr etwas anderes wichtig ist, für das ich sehr viel geben würde, und er weiß auch, dass nicht alles zu ihm hinfließt.

Frauenfreundschaften finde ich generell wichtig, weil sie mich wieder mehr zur Frau machen. Wenn man beim Mann ist, wird man ein bisschen Mann, und man muss wieder zurück zu den Frauen gehen, um aufzutanken. Ich habe in letzter Zeit viel von Männern gelernt, jetzt habe ich wieder ein großes Bedürfnis, von Frauen zu lernen, weil es ein anderer Raum ist, den man betritt und aus dem man schöpft. Er ist umfassender und auf einer anderen Ebene. Obwohl ich Männer mag und achte, gibt es sehr viel, was ich an Barbara schätze, was ich mit ihr lerne und was kein Mann mir jemals beibringen könnte.

Erotik ist wie Nahrung. Wenn ich ein schönes Bild sehe, oder etwas sinnlich Schönes, nährt es mich, es macht mich froh und glücklich. Bei Barbara finde ich beides erotisch, ihr Inneres und Äußeres. Durch ihre Klarheit und durch die Art, wie sie ist, kann sie die Dinge zurechtrücken. Wenn man durcheinander ist und sie anschaut, rückt sich etwas zurecht. Sie spiegelt etwas wider, was man selber in sich als Maßstab empfindet, etwas, was man unbewusst kennt, und wenn man sie sieht, hat man es wieder in sich.

Das, was uns verbindet, findet wenig im materiell manifestierten Bereich statt, es ist nicht das Miteinander-Reisen, Miteinander-einkaufen-Gehen, das Zusammentuckeln und jede Woche telefonieren müssen. Das ist es eben nicht. Es ist eine ganz andere Verbundenheit, die schwer in Worte zu fassen ist.

1935

1935

GERTRUD BIELENBERG UND KÄTE BIELENBERG

zweiundneunzig und siebenundachtzig

Lehrerin a.D. und Hausfrau

Gertrud Bielenberg

Unter Freundschaft verstehe ich, einen Menschen zu haben, auf den ich mich restlos verlassen kann, der mit mir viele Interessen teilt und der einem gerne hilft.

Käte und ich haben uns am 2. Februar 1935 am Pönitzer See bei einer Ausbildung für Landlagerführerinnen zur Zeit des Nationalsozialismus kennen gelernt. Weil ich ein neues Lager mitleiten sollte, durfte ich mir meine vier Führerinnen, die ich für sechzig Mädchen brauchte, aussuchen. Und da habe ich mir auch Käte Raab ausgesucht, weil sie sehr tüchtig und bestimmt war, typisch Widder, und obgleich sie zu meinem Sternbild als Skorpion gar nicht passte, ist es immer gut gegangen.

Wir sind im ersten Jahr schon Freundinnen geworden und sind als einzige auch zusammengeblieben. Wir hatten es manchmal schwer, aber zusammen haben wir es geschafft. Wenn wir mal so richtig am Boden waren, haben wir uns aneinander aufgerichtet. Jede hat ihr Bestes gegeben, und wir konnten uns restlos aufeinander verlassen. 1938 kamen wir wieder nach Hamburg zurück, und nach einiger Zeit waren wir sogar an derselben Schule. Für alle gehörten wir beide zusammen. Als der Krieg kam, mussten Kätes Eltern in ihrem Haus Bekannte aufnehmen, und daraufhin ist sie zu mir gezogen, denn ich lebte bei der Großmutter mit viel, viel Platz. Wir haben ihre Eltern oft besucht, die immer sehr nett zu mir waren. Sie lebten richtig als Familie mit zwei Geschwistern und Großeltern, das hatte ich vorher nie erlebt. Käte und ich wurden wie Schwestern.

Als ich meinen Mann kennen lernte, habe ich gleich zu Käte gesagt: Du sollst ihn kennen lernen, denn du sollst mir sagen, wie du ihn findest. Ich war nicht wirklich verliebt, das kann man nicht unbedingt sagen. Ich war erst kurz an der Schule, die Arbeit machte mir Spaß, und ich hatte die Freundin – im

Grunde brauchte ich keinen Mann. Aber als ich nach der Verlobung in die Schule kam, sagte die Hausmeisterin: Hat denn Ihr Verlobter keinen Bruder? Wieso?, sage ich. Na, für Ihre Freundin. Daraus ist ja wirklich etwas geworden, und so wurden wir Schwägerinnen. Denn dann kam der Hans, Bruder meines Mannes, aus dem Krieg, er hatte Urlaub, und wir unternahmen zu viert Spaziergänge. Da war ein Spaziergang 1944, den ich nie vergessen werde. Am Sonnabend war Hans gekommen, am Montag wurde mein Kind geboren, und meine Schwiegermutter lag vor Schreck todkrank im Bett. Käte blieb bei uns und pflegte alle. Weihnachten kam ich an Schwiegermutters Bett vorbei, und da sagte sie zu mir: Was sagst du denn zu Hans und Käte, Gertrud? Sie sprach so ein bisschen gewählt. Ich sagte: Für mich das Schönste, was es gibt im Leben. Maren, mein erstes Kind, ist am 12. Dezember 1944 geboren, und am 25. Dezember verlobten sich Käte und Hans. Nach dem Krieg haben wir ihre Hochzeit gefeiert. Kätes Eltern waren zu Maren wie richtige Großeltern, obwohl sie meine Tochter war, es war entzückend.

Wir haben hier im Haus zusammengelebt. Die Kinder haben wir genau geplant, alle zwei Jahre, immer abwechselnd. Die beiden ersten wurden noch im Krankenhaus geboren, aber unsere nächsten bekamen wir zu Hause. Wir waren eine richtige Großfamilie, im wahrsten Sinne des Wortes, und es ging bei uns wirklich sehr harmonisch zu. Jeder hatte seine Arbeit. Käte hatte Küche und Garten, da hatte ich gar nichts mit zu tun, das war herrlich für mich. Ich hatte die Wäsche und damit für acht Personen ja auch allerhand zu tun. Wir machten alles gemeinsam, auch Verreisen, die ersten Jahre immer nach Duhnen, später nach St. Peter Ording. Wenn wir verreisten, kamen die Leute hier von der Straße zusammen, um zu sehen, was und wie wir packten. Vier Kinder und vier Erwachsene, das war was!

Konflikte gab es eigentlich nicht. Allerdings, bevor mein Mann starb, musste das Erbe geregelt werden. Das hat mein Mann noch gemacht. Aber im Alltag gab es nie Probleme, weil wir uns restlos kannten. Wir haben uns nie, nicht einen Tag, nicht eine Stunde gezankt, obwohl wir ja ganz verschiedener Meinung sind, politisch ja ganz gegensätzlich, das ist wirklich unglaublich. Käte ist Sozialdemokratin. Ich sage: Sozial bin ich auch. Ich kann mit allen, ob niedrig, ob hoch. Wir blieben unterschiedlicher Meinung, sind wir geblieben bis heute, und haben uns doch nie gezankt. Wir haben die andere immer anerkannt und geachtet und eben auch verstanden, warum sie so denkt. Meine Enkel waren wie ihre Enkel, und ihre waren wie meine. Auch als die Kinder aus dem Haus waren, blieben wir hier zusammen wohnen. Aber mein Mann und ich hatten eine Wohnung in St. Peter, und ich holte ihn oft freitags vom Büro ab, und dann fuhren wir über das Wochenende hin.

Mit siebzig ist mein Mann plötzlich gestorben. Er lag in St. Peter dreizehn Tage im Koma, und mein Schwager und Käte kamen sofort und blieben, bis er starb. Ich bin dann in St. Peter geblieben. Hier wohnen alles Witwen, da bin ich schneller drüber hinweggekommen. Zusammen mit Käte und Hans empfand ich mein Alleinsein viel stärker, sie waren so zusammengeschmiedet. Das war eine große Umstellung, und Käte hat nie ganz verstanden, dass ich nicht wieder zurückgekommen bin. Ich fahre aber immer hin, wenn irgendwelche Geburtstage sind. Ich habe hier, im Hamburg, ja auch Wohnrecht und

bezahle jeden Monat Wassergeld, Heizung, Sielbenutzung und Müllabfuhr. Und ich kann Käte ja nicht immer alleine lassen. Wenn ich hier bin, bin ich nur hier. Ich komme kaum aus diesem Zimmer heraus, weil ich hier so glücklich bin. Gestern habe ich sie angerufen, um zu sagen, dass ich komme und wie sehr ich mich darauf freue. Oh, sagt sie, und wie ich mich freue, das glaubst du gar nicht. Gestern Abend haben wir noch bis ein Uhr nachts alles mögliche verhandelt und durchgesprochen, und heute Morgen hatten wir schon wieder irgend so ein Thema am Wickel.

Wir kennen uns seit fünfundsechzig Jahren und es ist wunderbar, dass wir uns so restlos verstehen und immer etwas miteinander zu besprechen haben und nie zanken. Keiner würde ein böses Wort über den anderen sagen. Wir sind ja nun beide um die neunzig, da kommt natürlich der Gedanke an Krankheit näher. Käte ruft mich manchmal an und sagt: Wann kommst du jetzt mal wieder, ich will dich nicht erst als Krüppel wiedersehen. Wir telefonieren viel miteinander, nicht jeden Tag, aber sonntags rufe ich immer an, und sie ruft dann zwischendurch mal an. Wir sind immer verbunden, und wir erzählen einander alles. Man fühlt sich nie alleine. Darunter leiden ja die Alten am allermeisten, an der Einsamkeit.

Gertrud Bielenberg

Käte Bielenberg

Freundschaft bedeutet, dass man Menschen hat, die einen begleiten, die von einem wissen, mit denen man vertraut ist.

Gertrud war anfangs meine Vorgesetzte. Das war 1935. Sie war Leiterin des Landlagers, und das bedeutete, dass man bei ihr spuren musste. Sie war ehrgeizig und wollte, dass alles klappte. Das ging mit Strammstehen, mit Nachtmärschen, das war richtig Drill. Aber wir machten auch Volkstänze und sangen und spielten. Als wir in die verschiedenen Lager aufgeteilt wurden, nahm Gertrud mich als Führerin mit. Es waren insgesamt sechzig Mädchen, jede Führerin war für eine Gruppe von fünfzehn Mädchen verantwortlich.

Die Freundschaft zwischen uns hat sich ganz allmählich entwickelt. Wir fuhren manchmal nach Hause, und sie kam dann immer ziemlich bedrückt zurück. Gertrud wohnte nämlich bei ihrer Großmutter, und als wir uns ein bisschen näher kannten, erzählte sie mir, dass sie ihre Eltern früh verloren hatte. Darum habe ich sie mit zu uns nach Hause genommen, und so kamen wir uns näher, obwohl ich politisch ganz anders eingestellt war. Dieses Hamburger Landlager war der Schulbehörde unterstellt und natürlich nationalsozialistisch ausgerichtet. Ich komme aber aus einem sozialdemokratischen Elternhaus. Mit Gertrud konnte ich damals nicht darüber sprechen. Aber wir haben, wenn wir freihatten, viel zusammen unternommen. Man schenkte sich mal ein Buch, oder wenn man länger weg war, schrieb man eine Karte. Und dann schrieb sie einmal: Ich freue mich, wenn du wiederkommst. Na ja, das hört man gerne. So hat sich unsere Freundschaft allmählich angebahnt. Dann kam der Krieg, und wir kehrten zurück nach Hamburg. Ab da waren wir richtig befreundet. Das kommt ja so; du merkst es gar nicht. Im Krieg hatten meine Eltern ein Ehepaar aufgenommen, und weil unsere Wohnung nicht so groß war, zog ich zu Gertrud, die eine Riesenwohnung mit ihrer Großmutter teilte.

Unsere Freundschaft war sehr intensiv, »Gertrud und Raabe«, das war so ein Begriff. Und wo wir auftauchten, tauchten wir zusammen auf. Als Gertrud sich dann verlobte, war das für mich, da bin ich ganz ehrlich, zuerst nicht leicht. Wir hatten uns ausgemalt, dass wir zwei immer zusammenbleiben, wenn wir nicht heiraten. Und dann kam auf einmal dieser Bruch. Weil sie sich aber alleine nicht ganz sicher mit Klaus fühlte, wurde ich bald mit einbezogen. Klaus und ich, wir verstanden uns auf Anhieb. Nicht, dass man denkt, ich war Gertruds Rivalin. Aber wir verstanden uns freundschaftlich, immer, bis zum Schluss. Ich habe ja nachher seinen Bruder kennen gelernt. An einem Sonntag im April rief Gertrud an: Du kannst heute nicht kommen. Klaus' Bruder Hans ist aus dem Feld gekommen. Und als ich das nächste Mal hinkam, war Hans da. Na ja, guten Tag und guten Weg. Als Gertrud dann ihr erstes Kind erwartete und die Schwiegermutter krank wurde, hieß es: Ach, könntest du vielleicht mal kommen, wir müssen etwas abholen. Das war eine Riesenrolle Dachpappe, die konnte nur jemand tragen, der ein bisschen stabil war. Also haben Hans und ich diese Rolle hierher geschleppt. Sie war furchtbar schwer, aber wir waren so albern, und es war so köstlich, dass wir es gar nicht so empfanden.

Als Gertrud dann ihr Baby bekam und es der Schwiegermutter nicht gut ging, baten sie mich um Hilfe, und so bin ich hier hängengeblieben. Ich habe gekocht und sie gepflegt und die Lütte gleich mit. Hans war dann wieder in Russland, und ich bin in sein Zimmer gezogen. Mit Gertrud war es sehr schön, wenn ich auch vor ihrer Schwiegermutter, die später ja auch meine wurde, zuerst ein bisschen Angst hatte. Sie war so eine feine Blankeneser Dame. Aber als sie hinfälliger wurde, habe ich sie gepflegt. Für Gertrud war das natürlich herrlich. Ich habe gekocht und auch die älteste Tochter, die Maren, mit großgezogen. Gertrud und ich liegen pädagogisch ganz weit auseinander. Sie ist sehr autoritär, und da habe ich ausgeglichen. Dann hieß es manchmal: Du mit deiner weichen Welle. Aber das störte mich nie, wenn es um Kinder geht, bleibe ich hart.

Hans und ich haben uns Weihnachten 1944 verlobt. Da haben sich alle furchtbar gefreut. Dann hörte ich nichts mehr von ihm, er war in Russland gefangengenommen worden, aber das wussten wir nicht. Am 20. September 1945 kam jemand, der Grüße von Hans bestellte, und am 30. September kam er selbst, verhungert, ausgemergelt. Als er wieder bei Kräften war, haben wir geheiratet. Natürlich blieben wir hier im Haus wohnen.

Es war eine Wohngemeinschaft, zuerst aus der Not heraus: ein Klo, ein Bad, zwei Schlafzimmer, eine Küche. Dann haben wir gemerkt, dass das organisatorisch wunderbar ging. Die Kinder haben wir fein aufgeteilt. Die waren richtig geplant, 1944 kam Maren von Gertrud, dann mein Sohn Harm. Dann bekamen Klaus und Gertrud 1948 Anke, und danach beschlossen wir gemeinsam, nun mal ein bisschen flott, das schaffen wir auch so, und dann kam 1949 meine Tochter Hedda. Maren, Harm, Anke, Hedda. Alle konnten herrlich zusammen spielen und hatten praktisch zwei Elternpaare. Reibereien gab es wenig, weil jeder seine Aufgabe hatte und die Kinder zu jedem ein anderes Verhältnis hatten. Die Männer waren ja furchtbar unpraktisch, organisatorisch machten wir Frauen alles, da waren wir uns einig.

Gertruds und meine Freundschaft bestand neben der Familie, wir hatten immer auch alleine eine Gemeinschaft als Gertrud und Käte. Zum Beispiel hatten wir gemeinsame Freunde, wir gingen zusammen in die Stadt, oder wir besprachen, was sie in der Schule erlebte, als sie wieder im Schuldienst war. Nachdem die Kinder aus dem Haus waren, mussten wir das Erbe aufteilen, und dabei haben wir unseren einzigen großen Streit gehabt. Wie es dazu kam? Ich spreche es nicht an, und sie wird auch nicht mehr wissen, wie es eigentlich gewesen ist.

Da wäre unsere Freundschaft fast in die Brüche gegangen. Danach sind Gertrud und Klaus nach St. Peter Ording gezogen. Eines Tages kam dann der Anruf: Wenn ihr Klaus noch mal sehen wollt, müsst ihr sofort kommen. Zwei Stunden später waren wir da. Eigentlich wollten wir nur eine Nacht bleiben, aber dann sind wir noch vierzehn Tage geblieben, um Gertrud nicht alleine zu lassen. Sie entschied sich, dort in St. Peter zu bleiben. Das machte mich traurig, aber da war ja dieser Streit gewesen, und das dämpfte alles ein wenig.

Wenn Gertrud jetzt hier ist, dann sind wir wieder ein Herz und eine Seele. Das ist ja zu schön mit uns beiden. Ich freue mich wirklich, wenn sie kommt. Wir sind uns in manchem einig, in manchem nicht, aber wir können über alles reden. Und das macht unsere Freundschaft aus. Ich hätte mich sehr gefreut, wenn sie nach Hans' Tod wieder hierher gezogen wäre, aber sie hat jetzt ihren Freundeskreis dort. Und ich will auch nicht drängeln: Nun komm doch, ich bin alleine. Das tue ich nicht. Das wird auch nichts, wenn es so gezwungen ist. Freundinnen sind wir immer geblieben, auch wenn wir äußerlich Schwägerinnen sind, innerlich ist sie für mich mehr Freundin. Ich denke täglich an sie, sie gehört selbstverständlich zu meinem Leben.

1988

Bärbel Bohley und Katja Havemann

sechsundfünfzig und dreiundfünfzig

Bürgerrechtlerin / Malerin und Sozialpädagogin

Katja Havemann

Freundschaft ist eine ganz wichtige Sache im Leben. Freundschaft braucht Nähe man muss diese Nähe nicht ständig haben, aber irgendwann ist sie aus den Lebenssituationen heraus entstanden und damit auch eine Basis für Vertrautheit und Liebe, die dauerhaft ist.

1979, nachdem der Hausarrest aufgehoben war und ich mit meiner damaligen Familie mit Robert und Franzi wieder »frei« leben konnte, besuchte uns eine ganze Reihe von Menschen, die Anteil genommen hatten an dem, was uns widerfahren war. Bärbel war eine der Besucherinnen, und von Anfang an war Sympathie da. Bärbel war damals befangen, eher schüchtern, und aus der Zeit, als ich meinen Mann kennen gelernt habe, war mir das nicht fremd. Er war eine herausragende, interessante Person, er war alt, und man hatte große Hochachtung vor seiner Biografie. Dadurch entstand dann oft bei den ersten Begegnungen mit ihm so eine Befangenheit. Aber ich erinnere mich auch, dass die sich bei Bärbel ziemlich schnell aufgelöst hat. Sie fühlte sich angenommen.

Erst nach dem Tod von Robert, nach 1982, ist unsere Bekanntschaft intensiver geworden. Unsere gegenseitigen Besuche hier in Berlin wurden häufiger, wir waren neugierig aufeinander. Es gab schnell einen guten Austausch über alles, was uns bewegte. Bärbel hat damals noch ziemlich viel gezeichnet, und meine Freundin Christiane und ich haben Modell für sie gestanden. Neben dem persönlichen gab es zwischen uns auch einen politischen Grundkonsenz. Bärbel ist in größeren Gruppen eher zurückhaltend, aber wenn sie etwas sagt oder will, ist sie tatkräftig. Auch ihre Direktheit in der Beurteilung von Zuständen und Leuten hat mich von Anfang an beeindruckt. Ich hatte das Gefühl, dass in dieser kleinen Frau eine starke Kraft steckte. Es gab bei den Menschen in der DDR viel Verwirrung, auch in unserem

Freundeskreis, aber bei Bärbel hatte ich immer den Eindruck von großer Klarheit. Deshalb habe ich das Gespräch mit ihr gesucht. Ich war nach dem Tod meines Mannes in keiner leichten Lebenssituation. In der DDR hätte ich nie mehr in meinem Beruf Fuß fassen können, aber ich wollte nicht in den Westen gehen, und je mehr ich merkte, dass die Staatsmacht und die Stasi das gerne gehabt hätten und mir deshalb viele Schwierigkeiten bereiteten, umso mehr suchte ich nach Leuten, die sich ihre oppositionelle Haltung nicht verbieten lassen, aber auch hier bleiben wollten. In dieser Situation war Bärbel eine Bestärkung. Auch sie war für ihren Sohn Anselm allein verantwortlich, so wie ich für Franzi. Wir haben uns viel darüber ausgetauscht, was wir unseren Kindern dadurch, dass wir in der DDR lebten, zumuten.

Bärbel war für mich sehr anziehend mit ihrer Power und ihrer unbändigen Lebenslust. Wir haben sehr gern gefeiert, mal haben wir bei Bärbel gekocht, mal bei mir, oder auch bei anderen Freunden hier im Prenzelberg. Vom Temperament her bin ich ganz anders als Bärbel. Ihre Impulsivität reißt mich oft mit, und wenn ich in Gefahr war, mir zuviel Selbstdisziplin aufzuerlegen, konnte Bärbel mich ermutigen, das mal sein zu lassen. Als wir zusammen für unseren Brotverdienst keramische Arbeiten gemacht haben, hat sich auf der anderen Seite deutlich gezeigt, mit welcher Konzentration und Zuverlässigkeit sie auch diese Dinge des Lebens bewältigt. Bärbel und ich hatten diese ganz private Freundschaft, die auch beinhaltete, dass wir zum Beispiel zusammen mit unseren Kindern zu Freunden an die Ostsee fuhren. Daneben hatten wir die gemeinsame Broterwerbsebene, parallel dazu noch die Arbeit in den politischen Gruppen: zuerst in der Frauengruppe und dann in der Initiative für Frieden und Menschenrechte.

Unser Kontakt und Austausch war so umfassend, dass ich eine Vertrauensgrundlage mit ihr hatte, wie ich sie in diesen Jahren mit keinem anderen Menschen hatte. Aus Erfahrung wusste man, dass es immer wieder Menschen um einen herum gab, die eine Doppelrolle spielten, die Stasispitzel, die nicht echt waren. Mit Bärbel hatte ich das Glück, dass sie für mich ein Mensch wurde, mit dem es dieses umfassende Vertrauensverhältnis gab, und das war eine wichtige lebensstabilisierende Größe. Ihre Impulsivität verleitet sie manchmal zu Kurzschlüssen, aber wenn ich mit einem anderen Ansatz gesagt habe: Denke mal nach, ist es nicht vielleicht so oder so?, hat sie gesagt: Na ja, da hast du Recht. Auf der anderen Seite hat sie eine unglaubliche Intuition in der Beurteilung von Menschen und Umständen, da ist sie ein ganz besonderer Mensch. In Situationen, in denen ich erst dreimal nachdenke, sagt sie: Der ist ein Schweinehund. Punkt. Und ich sage: Meine Güte, das kannst du doch nicht sagen, wir kennen den doch gar nicht so genau. Und nach kurzer Zeit merke ich: Ja, da hat sie Recht gehabt.

Auf einer bestimmten Ebene mussten wir ja konspirativ sein, um irgendetwas zu erreichen. Bärbel war dabei eine Impulsgeberin, sie hatte oft gute Ideen, und sie konnte verschwiegen sein. Der Kreis der Eingeweihten musste ja klein gehalten werden, um eine Sache nicht zu gefährden. Eine andere Seite an ihr ist ihre unverbrüchliche Treue. In schwierigen Situationen hatte ich immer zuerst das Bedürfnis, mit Bärbel darüber zu reden. Wir nehmen uns in den Arm, wir haben auch schon im selben Zelt oder im selben Bett geschlafen, aber es gab nie eine sexuelle Komponente. Für die Stasi war ja das Ausspionieren der Intimsphäre eine wichtige Sache, um Leute zu beschädigen oder zu zerstören. Und alle Spitzel, die es in unserem Freundeskreis gab, waren besonders darauf geeicht, auch

zwischen uns eine sexuelle Beziehung aufzudecken. Denen war klar, dass wir sehr eng befreundet waren, dass wir Geheimnisse miteinander hatten und die auch wahren konnten. Da einzubrechen, hat auch mal eine lesbische Frau versucht. Das war der Versuch, mal ganz genau herauszukriegen, ob wir lesbisch sind oder nicht. Darüber haben wir beide herzlich gelacht.

Als Bärbel und die anderen im Gefängnis und dann zwangsweise im Westen landeten, entstand in unserem Freundeskreis, und auch in der politischen Gruppe, eine tiefe Depression, und es gab Zweifel, ob sie zurückkommen würde. Bärbel und ich hatten für so einen Fall verabredet, wie wir uns verhalten würden. Und ich wusste einfach, dass sie Himmel und Hölle in Bewegung setzen wird, um zurückzukommen. Für mich war es darum ganz klar, dass ich mich in der Zeit hier um ihre Wohnung und um ihre Dinge kümmerte.

In unserer langen Freundschaft ist es ein einziges Mal passiert, dass ich in einer Situation in Südfrankreich die Segel gestrichen habe. Ich hatte gemerkt, dass es ihr schlecht ging, und sie hat so einen Rundumschlag ausgeteilt. An irgendeinem Punkt habe ich versucht, zu vermitteln. Das ist ihr auf den Wecker gegangen, und da habe ich die volle Breitseite abbekommen und war tief verletzt. Nicht, dass wir uns angebrüllt hätten, aber mir ist das große Heulen gekommen, und ich bin abgedampft. Aber schon auf der Rückfahrt von dort wusste ich, dass es nach einiger Zeit wieder vorbei ist. Sie hat sich dann später entschuldigt und

gesagt: Das war scheiße von mir, und ich habe gesagt: Ja, ich kenne das ja, aber dieses Mal war es besonders schlimm. Danach war alles wieder okay.

Heute ist mein Grundgefühl – außer Sehnsucht, die ich habe, seit Bärbel weg ist –, dass ich mich für sie und mit ihr freue. Bevor sie nach Sarajevo ging, war sie sehr unzufrieden mit ihrem Leben hier. Sie war eine öffentliche Person geworden, hatte so einen Stempel weg, und deshalb großes Unbehagen und das Gefühl, sich hier in Berlin oder in Deutschland nicht frei bewegen zu können. Als sie sich zu dieser Arbeit in Sarajevo entschloss, habe ich mir zuerst Sorgen um sie gemacht, und als ich sie 1997 dort in dieser kriegszerstörten Stadt besuchte, dachte ich noch einmal: Hoffentlich wird sie nicht todkrank bei dem, was sie macht. Aber da war sie schon mit Dragan befreundet, und wir

sind von Sarajevo aus zwei Tage ans Meer gefahren. Am 30. November 1997, das weiß ich so genau, weil das mein fünfzigster Geburtstag war, haben wir ihr Haus entdeckt. Bärbel und Dragan wussten von der Ruine und haben sie mir gezeigt. An diesem Tag haben die beiden mit dem Architekten verabredet, dass sie es nehmen. Diese Aussicht für Bärbel, dass sie da mit Dragan leben würde, hat mich sehr für sie gefreut.

Aber jetzt liegt diese Entfernung zwischen uns, und dadurch ist mir Bärbel als eine Freundin, mit der ich das Alltägliche besprechen kann, verloren gegangen. Wenn ich vor bestimmten Entscheidungen stehe, möchte ich mit ihr wenigstens kurz am Telefon darüber sprechen. Es ist aber nicht mehr so, dass ich diesem Impuls, jetzt mit ihr zu reden zu wollen, sofort nachgebe. Dieses Spontane, Alltägliche, das gibt es nicht mehr. Unsere Lebensverbindung reißt nicht ab, denn wir sind nur örtlich voneinander getrennt. Sie ist in meinem Leben ziemlich oft gegenwärtig – in meinen Gedanken und auch in meinen Gefühlen. Manchmal, wenn ich die ersten Stunden bei ihr in Celina war, und wir uns lange nicht gesehen hatten, habe ich Anzeichen einer Entfremdung befürchtet, aber das war sofort vergessen, weil sich ganz schnell wieder diese vertraute Ebene einstellte.

Bärbel Bohley

Katja Havemann

Die Basis einer Freundschaft ist für mich, dass ich mich auch in wirklich schwierigen Situationen auf jemanden verlassen kann.

Katja und ich haben uns im Frühling 1979 kennen gelernt, kurz nachdem der Hausarrest von Robert Havemann aufgehoben wurde. Ich hatte sie vorher schon mal bei einem gemeinsamen Bekannten von uns gesehen, einem jungen Schriftsteller. Er war verheiratet, hatte drei Kinder und galt in der DDR als Dissident; er hatte ziemliche Schwierigkeiten, und ich habe manchmal ausgeholfen, wenn sie jemanden brauchten, der sich um die Kinder kümmerte. Bei einem Kindergeburtstag, bei dem ich geholfen habe, war auch Katja mit ihrer Tochter da. Kurz danach ist dieser Schriftsteller verhaftet worden und dann in den Westen gegangen. Zur gleichen Zeit erschien von ihm im Westen ein Buch, und er hat mir ein paar Exemplare zukommen lassen, die ich an Freunde verteilen sollte. Weil ich auch Robert Havemann dieses Buch bringen wollte, bin ich nach Grünheide gekommen, und so habe ich Katja und Robert kennen gelernt. Wir haben zusammen Mittag gegessen, und es war gleich so, als würden wir uns schon ewig kennen.
Katja war mir gleich sehr sympathisch, und wir begannen, uns gegenseitig zu helfen, zum Beispiel durften die kleinen Kinder von Wolf Biermann und Sybille Havemann einreisen, die all die Jahre ihren Großvater nicht gesehen hatten. Sie mussten alleine über die Grenze am Bahnhof Friedrichstraße kommen. Katja hatte ein bisschen Angst, die beiden Kindern alleine abzuholen, und mich gebeten, mitzukommen, und dann haben wir sie gemeinsam, mit Polizeischutz rechts und links, nach Grünheide gebracht.
Die Freundschaft zu Katja wurde erst richtig intensiv, als Robert 1982 *starb.* Unser Kontakt wurde für mich besonders wertvoll, als wir kurz nach Roberts Tod eine Frauengruppe gegründet haben als Reaktion auf das neue Wehrdienstgesetz der DDR, nach dem auch Frauen zum Wehrdienst eingezogen werden sollten. Ich habe mich immer

als Pazifistin gefühlt und habe ganz persönlich gegen dieses Gesetz eine Eingabe an den Staatsrat gemacht und ein paar Freundinnen aufgefordert, das auch zu tun. Nachdem wir als Einzelne keine Reaktion bekamen, haben wir gemeinsam eine neue Eingabe gemacht, jede der Frauen hatte noch weitere gefragt, und am Ende waren wir über 150 Frauen. Daraufhin gab es eine harte Reaktion von der Staatssicherheit, wir wurden sehr unter Druck gesetzt, und viele haben ihre Unterschrift zurückgezogen. Übrig geblieben sind dreißig Frauen, und daraus haben wir eine Frauengruppe gebildet, um uns gegenseitig den Rücken zu stärken. Wir haben uns jede Woche getroffen, und Katja war auch dabei. Wir waren alle im gleichen Alter, hatten Kinder, die in den Kindergarten gingen und die der ständigen Indoktrinierung durch den Staat ausgesetzt waren. Jedes kleine Kind sollte schon früh zu einem möglichen NVA-Soldaten erzogen werden, und wir haben uns mit Eingaben und mit Informationen darüber dagegen gewehrt. Es ging immer um die Frage: Wie kann man die Militarisierung der Gesellschaft einschränken und verhindern?

Katja war all die Jahre bei vielen Problemen eine wichtige Partnerin. Wir haben auch eine Weile zusammen gearbeitet. Katja ist von Beruf Heimerzieherin und war natürlich durch die Heirat mit Robert Havemann zu einer Unperson geworden, so konnte sie nach seinem Tod nicht mehr in ihren alten Beruf zurückgehen. Ich hatte es geschafft, trotz aller Schwierigkeiten, Mitglied im Künstlerverband zu bleiben, und hatte damit auch das Recht, jemanden einzustellen. So haben Katja und ich uns jahrelang, bis 1989, mit Keramik über Wasser gehalten. Katja hat gegossen, und ich habe bemalt. Es gab keine Keramikeierbecher, also haben wir Keramikeierbecher gemacht. Wir haben sozusagen vom Mangel in der DDR gelebt. Abends haben wir zusammen gesessen und geredet. Diese gemeinsame Arbeit war sehr wichtig für uns. 1982 hatten die Grünen einen Parteitag in Berlin, und in diesem Zusammenhang demonstrierten Petra Kelly und Gerd Bastian und noch ein paar andere Grüne mit »Schwerter zu Pflugscharen« auf dem Alexanderplatz. Ich hatte Petra geschrieben, ob sie nicht bei der Gelegenheit die Frauengruppe besuchen möchte, und das hat sie dann auch getan. Daraus entwickelte sich eine Freundschaft zu Petra Kelly, die mir persönlich sehr geholfen hat, auch zu der Zeit, als ich im Gefängnis war. Ohne sie hätte ich das halbe Jahr im Westen gar nicht leben können.

In dieser schwierigen Zeit war Katja für mich der Garant, dass bei mir zu Hause alles lief. Ich hatte ja ein Kind, war geschieden, und Katja hat organisiert, dass mein Mann immer sehr schnell Bescheid wusste und nach Berlin kommen konnte. Wenn er keine Zeit hatte, wusste ich auch, dass Katja sich um mein Kind kümmern würde. Es ist sehr beruhigend in so einer Drucksituation, einen Menschen zu haben, von dem man weiß, der lässt sich nicht abschrecken, auch nicht durch die Stasi. Sie machte die ganz nahe liegenden Dinge, kümmerte sich um das Kind, informierte Freunde und Bekannte. Ich konnte alles zu Hause vergessen, weil ich wusste: Da ist Katja, und mich ganz auf meine Situation mit der Stasi konzentrieren. Wir waren ja keine Politikerinnen, wir waren Frauen, die

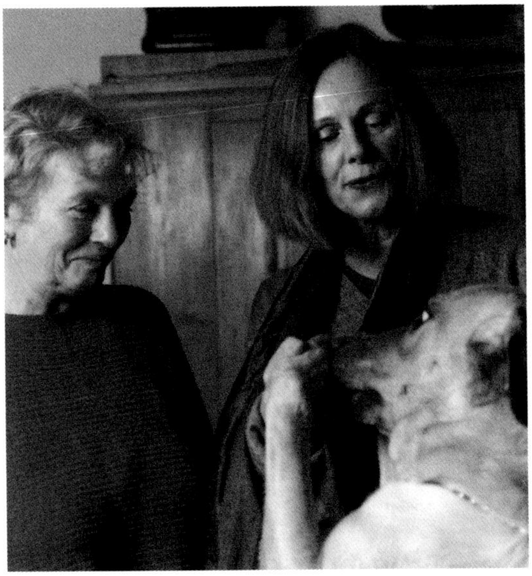

sich politisch betätigt haben, das ist ein großer Unterschied. Katja war eine, die nicht alles wissen musste, und sich trotzdem als meine Freundin fühlte. Du hast politisch etwas gemacht, etwas organisiert und du wusstest, du kannst dich und alle anderen am besten schützen, wenn du mit niemandem darüber redest. Es gab viele Frauen, die deshalb beleidigt waren es hat sich aber herausgestellt, dass es der beste Schutz war. Katja hat das immer akzeptiert. Das kam natürlich auch durch ihre Schule mit Robert.

Katja und ich sind sehr unterschiedlich. Ich bin ein sehr spontaner Typ, ich sage bei einem Streit immer sofort, was ich denke. Nach fünf Minuten bin ich wieder okay. Bei Katja ist es anders, sie ist sehr kontrolliert. Manchmal bedauere ich das, weil ich denke, für eine

Freundschaft ist es besser, wenn beide Seiten offen das sagen, was sie denken. Meine Art ist bestimmt manchmal verletzend, aber Katja weiß natürlich, dass ich sie nicht verletzen will. Dafür weiß sie aber immer, woran sie ist, und das wüsste ich bei ihr auch manchmal gerne. Das ist vielleicht so ein kleiner Punkt, der in unserer Freundschaft ein bisschen unterentwickelt ist.

Einmal hatten wir einen großen Konflikt. Nach der Wende hatte ich vier Frauen, die mir in all den Jahren geholfen haben, zu einer Reise nach Südfrankreich eingeladen und habe mir das wunderschön vorgestellt. Ich kam aus einem totalen Stress und bin dann selbst für alle Frauen zum totalen Stress geworden. Ich war die Unmögliche – es war wirklich ein Katastrophenurlaub. Katja hat das gemacht, was ich hätte machen müssen: Sie ist zurückgefahren. Das war für mich eine große Lehre. Das ist ihre Art zu sagen: So geht es nicht.

Wir telefonieren häufig miteinander. Bei Problemen sind wir zusammen, zum Beispiel, als Katjas Schwester gestorben ist, kam Katja zuerst zu mir, und wir überlegten gemeinsam, wie man am besten mit all den Problemen, die da auf sie zukamen, umgeht. Wir helfen uns gegenseitig, und ich weiß, ich könnte sie anrufen und sie wäre da, und wenn sie mich anrufen würde, wäre ich da. Daran hat sich nichts geändert, obwohl ich nun wirklich weit weg wohne. Sie ist nach wie vor für mich die engste Freundin, auf die ich mich voll verlassen kann.

Das Wesentliche unserer Freundschaft ist, dass wir über bestimmte Sachen schweigen können. Wir müssen nicht über alles sprechen, und das wird freundschaftlich akzeptiert. Ich weiß nicht, wie lange man das auf so eine Entfernung aufrecht erhalten kann. Aber deshalb wird sie immer meine Freundin bleiben.

1996

Magdalene Krumbeck und Fina Bothur

vierundvierzig und fünfzig

Grafikdesignerin und Verlagsvertreterin

FINA BOTHUR

Freundschaft heißt für mich, dass man in vielen Lebensbereichen eine Vertrautheit hat, die nicht erklärt werden muss.

Wann tatsächlich eine Freundschaft beginnt, ist im Nachhinein nicht genau zu sagen. Magdalene und ich kannten uns beruflich schon längere Zeit. Eine wirkliche Freundschaft zwischen uns ist Anfang der neunziger Jahre entstanden. Magdalene war aus beruflichen Gründen bei mir, und wir haben beim Kaffee darüber gesprochen, dass wir beide Lust hätten, Sprachen zu lernen, zum Beispiel Spanisch. Zur damaligen Zeit hatte ich eine Bekannte auf Mallorca, also erkundigte ich mich bei ihr nach einem Intensiv-Crash-Kurs. Als wir das nächste Mal telefonierten, sagte sie: Sag mal, müssen wir unbedingt den Sprachkurs machen, können wir nicht einfach Urlaub auf Mallorca machen? Ich habe zugestimmt, fuhr schon eine Woche vorher hin, und sie kam nachgereist. Da haben wir zum ersten Mal in einem Haus gemeinsam Zeit verbracht.

Ich wusste nicht, wie es privat mit ihr auf längere Zeit gehen würde, und war völlig erstaunt, dass es absolut toll war. Wir haben schnell herausgefunden, dass wir viele Gemeinsamkeiten haben, dass wir zum Beispiel gerne Landschaften anschauen, dass wir einen ähnlichen Blick dafür haben. Wir kamen zurück und meinten: Das ging ja gut diese eine Woche. Können wir tatsächlich etwas miteinander unternehmen, oder war das Zufall? Um das herauszufinden, planten wir gleich im nächsten Jahr eine zweite Woche, und es war wieder gut. Wir hatten uns dieses Mal vorgenommen, zu wandern, und das ist etwas, was uns bis heute verbindet. Für mich war es eine wunderbare Erfahrung, herauszufinden, dass ich mit ihr etwas tun kann, ohne dass es mich nervt. Ich genieße es mit ihr, weil es eine andere Art von Urlaub ist als mit einem Mann. Wir machen ganz andere Dinge, wir gehen ganz anders mit den Dingen um. Gemeinsam wandern zu gehen ist eine Aktivität, die wir beide total lieben und die wir ganz intensiv nutzen. Durch das Wandern kennen wir uns in allen möglichen und unmöglichen Situationen, das schafft eine ganz intime und auch erotische Vertrautheit. Beim Wandern können wir zusammen schwitzen und aus allen Löchern stinken, weil wir uns halt den ganzen Tag lang durch den Berg geschleppt haben. Dann ist es beglückend, sich ohne Berührungsängste in den Arm nehmen zu können.

Ich fand Magdalene immer hübsch. Eine Freundin zu haben, die dunkelhaarig ist, finde ich toll. Sie erinnert mich an meine allererste Schulfreundin, die mir aus verschiedensten Gründen abhanden gekommen ist. Magdalene muss wohl so eine Art Urgefühl wieder angesprochen haben. Und sie ist eine Frau, die mich sehr inspiriert. Ihre Ausstrahlung hat etwas Burschikoses, aber auch etwas ganz Feines und Elegantes. Das möchte ich für mich auch leben. Ich möchte mit Gummistiefeln genauso herumrennen können wie mit Stöckelschuhen. Magdalene hat ähnliche Vorlieben wie ich. Wir können uns beide extrem anrüschen und unseren Spaß haben, wenn wir irgendwo hingehen, und wir können auch in Lotterklamotten in den Garten gehen. Wir haben unglaublich viel Spaß zusammen. Wir haben einen Ton drauf, der andere Leute vielleicht verblüfft. Ab und an sind wir sehr ruppig, aber auf eine liebevolle Art.

Dass wir beruflich miteinander zu tun haben, empfinde ich als einen großen Vorteil, weil Magdalene für mich so eine Art Korrektiv ist; bei ihr kann ich mich ausprobieren. Wenn ich eine Hürde mit ihr genommen habe, weiß ich, dass ich auf dem richtigen Weg bin. Das Charakteristische unserer Freundschaft ist sicherlich, dass wir uns gegenseitig fordern und fördern. Wir sehen uns nicht regelmäßig, aber telefonieren häufig, und dann wird alles durchgeratscht, was gerade anliegt. Wir schütten uns unser Herz aus, wenn irgendetwas wieder katastrophenmäßig war, oder unterstützen uns, wenn tatsächlich eine Katastrophe passiert ist. Wenn ich den Hörer abnehme, höre ich schon nach den ersten zwei, drei Worten an ihrer Stimme, in welcher Stimmung sie ist, und umgekehrt wohl auch.

Konflikte kriegt Magdalene schnell mit und spricht sie eher an als ich. Ich will das erst mal lieber mit mir selber abmachen. Manchmal ist das unangenehm, weil ich mich dann klar äußern muss. Bei Konflikten, die wir miteinander haben, kann es schon mal sein, dass jeder so ein bisschen rummuffelt. Aber irgendwann wird es angesprochen und geklärt. Ich denke schon, dass wir offen miteinander umgehen und Dinge so ansprechen, dass diejenige, um die es geht, sie irgendwann akzeptiert.

Das Schöne an dieser Freundschaft ist, dass es keine Konkurrenz gibt, Konkurrenz ist überhaupt kein Thema. Magdalene und ich unterhalten uns natürlich auch über uns, über unser Aussehen und unsere Figur. Ich finde es schön, wenn sie sich toll anzieht, ich mag ganz bestimmte Kleider an ihr, oder rückenfreie T-Shirts. Ich sehe sie gerne an.

Wir leben beide in Beziehungen und haben glücklicherweise Partner, die unsere Freundschaft akzeptieren. Das eine ist die Partnerschaft, das andere die Freundschaft. Ich stehe dazwischen, aber ich würde nicht sagen, das eine ist mir lieber als das andere. Mir ist beides gleich wichtig. Es gibt keine Situation, in der mein Mann mich davon abbringen könnte, mit ihr eine Freundschaft zu haben. Die Beziehung zu einem Partner ist etwas anderes als zu einer Freundin. Mit ihr tue ich ganz viele Dinge, rede auch über viele Dinge, die ich meinem Mann gegenüber überhaupt nicht anspreche. Mittlerweile weiß ich, dass es gut ist, dass ich eine Freundin habe, mit der ich so vieles bereden kann. Mit meinem Mann lebe ich seit zwanzig Jahren zusammen, und es tut mir gut, dass ich vieles nicht mit ihm klären muss, weil ich weiß, dass er oft extrem anderer Meinung ist. Magdalene und ich sind auch schon mit unseren Männern verreist, das fand ich sehr schwierig. Wir vier verstehen uns zwar gut, aber auf Reisen werden in der Paarsituation Konflikte viel schneller sichtbar. Was wir wirklich gut zusammen können, ist Silvester feiern. Da haben wir immer riesigen Spaß.

Die Freundschaft mit Magdalene ist für mich eine große Bereicherung, weil sie mich an zwischenmenschliche Dinge heranführt, die ich alleine, oder mit meinem Mann, nicht diskutiere. Sie fordert mich emotional, und sie bringt mich dazu, zu reflektieren, ob ich auf dem richtigen Weg bin. Sie hat in meinem Leben einen wichtigen Platz erobert.

MAGDALENE KRUMBECK

Fina Bothur

Genau kann ich Freundschaft nicht definieren, doch wichtig ist, Gemeinsamkeiten zu haben und gemeinsam etwas zu unternehmen.

Fina und ich haben uns 1988 durch unsere Arbeit kennen gelernt. Fina war Vertreterin des Peter Hammer Verlages, und ich war Grafikerin und Herstellerin. Irgendwann haben wir uns getroffen, um berufliche Dinge zu besprechen, und dabei kamen wir auch auf das Thema Urlaub, und ich habe gesagt, ich würde so gerne wandern gehen und niemanden finden, der mit mir geht. Da hat sie mir vorgeschlagen, mit nach Mallorca zu kommen und vielleicht zusammen spanisch zu lernen. Etwas gemeinsam machen, das wollten wir beide.
Dass wir uns so gut verstehen, merkten wir erst unterwegs. Wir hatten den gleichen Humor, haben über die gleichen Sachen gelacht. Wir sind sehr vorsichtig miteinander umgegangen, aber haben festgestellt, dass es mit uns unheimlich gut klappt. Mein erster Eindruck war, dass wir die gleiche Sprache sprechen, die gleiche Geschichte haben. Fina ist auch in der Frauenbewegung gewesen, und ich konnte mit dem, was sie sagte, viel anfangen. So war ein grundsätzliches Interesse da, und unsere Freundschaft hat sich von Jahr zu Jahr weiterentwickelt und intensiviert. Wir haben immer mehr Punkte herausgefunden, in denen wir zusammenpassen. Typisch ist zum Beispiel unsere Reisevorbereitung: Wir planen das richtig. Ich brauche Partner, die genauso verantwortlich mit der Situation umgehen wie ich. Ich weiß, wenn Fina sagt, ich bin um elf Uhr da, dann ist sie auch um elf Uhr da.
Ich mag ihre Zuverlässigkeit, ihre Art von Humor. Sie ist sehr witzig und liebevoll, sehr behutsam. Ich fühle mich bei ihr immer gut aufgehoben, immer gut betreut. Wenn ich zu ihr komme, ist es ein bisschen wie nach Hause kommen. Ich werde von ihr aufgefangen, wenn es mir schlecht geht, sie geht auf mich ein und hilft mir.
Bis ich Fina kennen gelernt habe, hatte ich nie eine richtig feste Freundin, irgendwo hat es immer gehakt. Und weil auch Fina skeptisch war, haben wir uns mit großer Vorsicht beobachtet: Passen wir zusammen, funktioniert es? Es hat sich ganz sachte entwickelt,

sodass ich eigentlich nicht sagen kann, ab wann es eine richtige Freundschaft war. Sie entwickelt sich noch immer, wir finden immer noch mehr Gemeinsamkeiten, aber ich kann absolut sagen: Fina ist meine beste Freundin, und das bestimmt schon seit vier, fünf Jahren. Das Wesentliche und das Charakteristische unserer Freundschaft ist für mich, dass ich von ihr ein Feedback bekomme, das mich in jeder Hinsicht weiterbringt. Was sie sagt, ist für mich sehr wichtig, und vielleicht auch umgekehrt. Die Basis ist diese starke Verbundenheit durch die vielen Dinge, die wir ohne viel Worte gleich sehen, ob es der Garten ist, das Wandern, gemeinsames Einkaufen. Es bedarf keiner Worte, um einander zu verstehen.

Ich weiß, wenn sie beim Wandern vor mir geht, wie es ihr geht. Es ist unterwegs total wichtig, dass man sich auch ohne Worte gut versteht. Wie in diesem Haus in Südfrankreich. Fina kocht gerne, ich nicht, aber ich helfe ihr, und sie sagt: Mach mal dies, schäl mal die Kartoffeln. Und dann mache ich das, das ergänzt sich gut. Ich sorge vielleicht dafür, dass alles ordentlich und sauber ist. Nur wir zwei, ganz auf uns selbst reduziert, so eine Situation halten nicht viele aus, weil dabei auch schon mal schlechtere Eigenschaften zutage treten. Da kommen so viele Sachen zusammen, die stimmen müssen. Deswegen denke ich, wenn man zusammen wandern kann, ist man eng befreundet.

Jetzt gehört sie in mein Leben, auch wenn wir so weit voneinander entfernt wohnen. Wenn irgendetwas Wichtiges ist, beruflich oder auch privat, wenn irgendeine Entscheidung ansteht, oder irgendetwas Schwieriges zu meistern ist, denke ich sofort: Das muss ich Fina erzählen. Und dann greife ich zum Telefon. Das ersetzt die Entfernung. Ich erzähle ihr alles, was mich bewegt. Sehr stark ist in den letzten Jahren die berufliche Seite dazugekommen, wir arbeiten quasi an unserer Karriere, und jede hilft der anderen, neue Wege zu gehen, sich Mut zu machen. Fina beschäftigt sich mit Managertraining. Das haben wir aneinander ausprobiert, und es hat sehr viel geholfen. Ein bedeutender Aspekt unserer Freundschaft ist für mich, dass wir uns in jeder Hinsicht, eben auch in beruflicher, stärken, gerade unter Frauen ist das sehr wichtig. Eine Frau hat einen ganz anderen Hintergrund als ein Mann. Mit Jürgen, meinem Mann, wandere ich nicht oft. Diese Freude teile ich mit Fina. Eine Wanderung mit Jürgen kann nie die Qualität haben, die sie mit Fina hat, obwohl Jürgen und ich in einer wundervollen Partnerschaft leben. Mit Fina, das ist eine andere Form von Partnerschaft, aber es ist auch etwas Vergleichbares. Ich habe erst vor vier Jahren geheiratet, da haben Fina und ich uns schon gekannt. Es war mir natürlich wichtig, dass sie meinen Mann mag. Glücklicherweise verstehen wir uns auch zu viert sehr gut.

Mit Konflikten gehen wir ganz unterschiedlich um. Fina ist eher jemand, die das erst einmal für sich regelt, und ich brause los und greife zum Telefon. Sie hilft mir, indem sie einfach ihre Meinung dazu sagt. Sie ist sehr klar in ihren Äußerungen. Konflikte zwischen uns hat es bisher noch nicht viele gegeben. Aber Fina ist etwas verschlossener als ich. Es dauert länger als bei mir, bis sie einen Konflikt nach außen hin deutlich macht. Sie sieht ihn vielleicht genauso schnell, aber sie möchte nicht so schnell darüber reden oder möchte ihn für sich alleine lösen. Dennoch haben wir bisher immer einen gemeinsamen Punkt gefunden. Ich muss dabei lernen, auf den anderen einzugehen. Das kriege ich aber mit ihr ganz gut hin, denke ich.

Erotik spielt natürlich eine Rolle zwischen uns. Ich finde es schön, sie anzufassen, ihren Körper zu sehen. Das nehme ich ganz bewusst wahr. Ich mag alles an ihr. Das hat etwas mit Sinnlichkeit zu tun. Die Freundschaft mit Fina ist ein wichtiger Teil meines Lebens. Ich würde nichts Wichtiges entscheiden, ohne sie zu fragen.

佛偈曰
肚大能容，容天下
難容諸事。
開口常笑，笑世上
可笑之人。

1973

Ruth Irmgard Christiansen-Frettlöh und Ma Yuet-Ming

achtundsechzig und fünfundsechzig

Theologin / Pastorin / Sozialpädagogin und Sonderpädagogin

Freundschaft ist für mich eine Lebensbasis. Ich kann mir nicht vorstellen, ohne Freunde zu leben. Meine Freundinnen haben mein Leben beeinflusst. Sie regen mich an und eröffnen mir ihre Sicht der Dinge. Ich möchte mit meinen Freundinnen traurig sein können, und ich möchte mit ihnen glücklich sein können.

Ma Yuet-Ming, meine chinesische Freundin aus Hongkong, hat mir beigebracht, mich an kleinen Dingen zu freuen. In welchem Jahr ich Ma kennen gelernt habe, kann ich nicht genau sagen, aber es muss um 1965 in der Missionsakademie gewesen sein, wo ich als Tutorin für Studenten vor allem aus Asien und Afrika gearbeitet habe. Sie kam im Winter an, und da sie keinen Wintermantel besaß, musste ich mit ihr einen kaufen gehen. Sie war ganz fassungslos, für einen Mantel so viel Geld ausgeben zu müssen. Ihr Mann Joe und sie mussten mit einem sehr geringen Taschengeld auskommen. Irgendwann habe ich dann mitbekommen, dass sie auch noch Geld an ihre Flüchtlingsfamilie nach Hongkong schickten und ganz bescheiden lebten.

Dieses Für-andere-da-Sein, das Ma in sich hat, habe ich bei ihr gleich ganz stark gespürt. Wenn wir unterwegs waren, hatte sie immer einen Blick für die Schwachen. Ich denke, dass ich als Pastorin für Randgruppen gearbeitet habe, geht auf ihren Einfluss zurück. Ma Yuet-Ming hat später mit viel Engagement und Kreativität ein Heim für Behinderte geleitet. Sie ist ungefähr so alt wie ich, die Chinesen feiern ihren Geburtstag aber erst ab fünfundsiebzig, da sie sagen, erst, wenn man Verdienste im Leben vorzuweisen hat, kann man geehrt werden und feiern.

Wir haben uns sehr schnell gefunden und waren uns gleich ganz nah. Das ist auch so geblieben. Sie ist so warmherzig und den Menschen sehr zugewandt. Mir sind in der Mission auch viele indische und indonesische Frauen begegnet, mit denen ich mich angefreundet habe, aber so eng wie mit Ma Yuet-Ming ist es mit keiner anderen geworden. Sie lebte mit ihrem Mann drei oder vier Jahre in Deutschland. Ich sehe uns noch zusammen sitzen, das war in der Zeit, als ich gerade eine Operation hinter mir und sie die gleiche vor sich hatte, da wurde ihr das gemeinsame Gebet ganz wichtig. Damals trug ich einen Bernsteinanhänger, und als Ma Yuet-Ming darauf das chinesische Zeichen für Glückseligkeit entdeckte, habe ich ihn ihr als Hoffnungszeichen geschenkt.

Ma und ich, wir sind eigentlich Schwestern. Ihr Mann und sie haben noch meine Eltern kennen gelernt. Wenn Ma hierher zu Besuch kommt, geht sie auf den Friedhof und macht nach ihrer Art die dreimalige Verbeugung. Das berührt mich immer sehr. So, wie ich fühle, dass ihre Familie mich aufgenommen hat, fühle ich bei ihr, dass sie auch meine Eltern mit aufgenommen hat. Wenn wir Ma in Hongkong besuchen, wird extra eine Einladung gemacht, und alle Familienmitglieder kommen zu einem gemeinsamen Essen zusammen. Ich denke, wir haben wirklich so etwas wie eine Seelenverwandtschaft, wir können uns gegenseitig Dinge sagen, bei denen wir hinhören müssen. Als ich zum Beispiel von meiner indischen Patentochter einen Brief erhalten und überlegt habe, wie ich ihr helfen kann, hat sie mir einfach gesagt: Ruth Irmgard, du bist nicht Jesus, du trägst nicht das Leiden der ganzen Welt auf deinen Schultern. Lass sein, bescheide dich.

Sie hat mir früher einmal gesagt: Du hast ein weites Herz. Das ist ein so schönes Wort, das ich wie einen Edelstein verwahrt habe. Ich denke, sie hat es mir weit gemacht. Sie hat mir die

Augen für die schönen Seiten des Lebens geöffnet. Glückseligkeit und Schönheit sind für sie ihr Lebensziel, ihr Lebenssinn. Wir waren einmal gemeinsam auf dem Jademarkt, Jade ist der Königsstein in China, und haben dort eine Kette mit alten Steinen gesehen. Ich war ganz fasziniert von ihr und habe sie gekauft. Ma sagte, ich müsse sie »auf chinesisch« tragen, und

dann hat sie mir die chinesischen Knoten geknüpft. Sie hat jeden einzelnen Stein mit dem typisch chinesischen Knoten verbunden. Dabei hat sie mir jeden Stein gezeigt, jede Ader, den Glanz, die Farben, und jeder Stein war vom anderen so verschieden, jeder war wie ein eigener Mensch. Ich habe auch noch andere Ketten, aber diese ist wirklich meine tägliche Begleiterin. Wenn ich krank bin, ich hatte diesen schweren asthmatischen Husten, hilft Ma mir durch eine Klopfmassage. Bei ihrem letzten Besuch hat sie mich massiert und mir Akupunkturpunkte gezeigt, das hat mir unheimlich gut getan. Als ihre Mutter schwer krank war und nachher ins Heim musste, haben wir sie dort auch besucht, und als sie dann starb, habe ich Ma natürlich häufiger angerufen. Und als Ma erfahren hat, dass ich Krebs habe, wollte auch sie sofort kommen.

Obwohl sie weit weg wohnt, ist sie bei mir. Da ist immer gleich Nähe zwischen uns, da ist nichts Fremdes, wenn wir miteinander sprechen. Und wenn wir uns wiedersehen, müssen wir uns erst einmal umarmen und in die Augen schauen, um durch die Augen und Hände erst mal: Ja, bist du es noch? zu sehen, und dann reden wir miteinander. Es gibt Gespräche, die lang und intensiv sind, weil ich sie nicht verletzen, aber auf der anderen Seite auch offen mit ihr sprechen möchte.

Die Tabugrenzen zu erfühlen und sie zu achten, das habe ich erst lernen müssen, und nicht immer gelingt es mir. Früher habe ich immer gesagt: Ich könnte auch einen Asiaten heiraten, ich könnte auch dort leben. Ich habe Asien gern, ich liebe es, ich finde es wunderschön und fühle mich dort sehr wohl. Aber Ma hat immer versucht, mir klarzumachen, dass das nicht geht. Heute würde ich das auch so sagen, ich verstehe es jetzt. Am Anfang habe ich versucht, ihr kulturell einiges von hier zu vermitteln, und habe sie zum Beispiel zu einer Gruppenfreizeit mitgenommen. Sie hat da dann so gesessen, eine Weile zugehört und dann zu den Teilnehmern gesagt: Ja, Sie denken, wir in China essen verfaulte Eier. Ich werde Ihnen jetzt mal ein Gedicht vortragen. Und dann hat sie ein Gedicht gesprochen. Ihr Gesicht war so ausdrucksstark, als sie anschließend gefragt hat: Und was meinen Sie, wie alt dieses Gedicht ist? Es ist 3500 Jahre alt. Und was meinen Sie, was vor 3500 Jahren hier in Deutschland war? Wie sie das gemacht hat, war absolut souverän.

Ma kennt meine ganze schwere Geschichte, aber sie würde immer mit Zartheit einen Schleier darüber legen. Sie ist sehr darauf bedacht, nicht Schmerz aufzuwühlen. Ich bin ja eher so, dass ich durch meine Art auch mal weh tue. Sie hat mir nie mit Worten weh getan. Ohne sie zu leben, kann ich mir nicht vorstellen, aber was ich mir wirklich vorstellen kann, ist, täglich mit ihr zusammenzuleben. Ma Yuet-Ming, das ist zum Strahlen!

IRMGARD CHRISTIANSEN-FRETTLÖH

Ma Yuet-Ming

Freundschaft besteht, wenn zwei zusammenhalten und sich helfen, wenn sie Schwierigkeiten haben, und Freude und Leid miteinander teilen.

Ich habe Irmgard kennen gelernt, als mein Mann und ich 1965 nach Deutschland kamen. Wir wohnten in Hamburg, mein Mann hat Theologie studiert, und Irmgard war seine Dozentin. Sie hat sich um uns gekümmert. Ich habe sie sehr bewundert, in Hongkong gibt es nicht viele Frauen, die so sind wie sie. Sie war Doktorin, Pastorin und Tutorin – ein Vorbild für mich, ein Idol. Sie ist oft zu uns gekommen, wir haben uns fast täglich gesehen. Sie kümmerte sich um meine Ausbildung und darum, dass ich mich wohl im fremden Land fühlte. Ich war aus Hongkong nach Hamburg gekommen und hatte nicht genug Kleidung für den Winter. Sie ging mit mir einkaufen und suchte einen Mantel und dicke Schuhe für mich. So fing unsere Freundschaft an.

Wir waren sehr oft zusammen. In Irmgards Wohnung haben wir uns häufig mit den anderen Studenten getroffen. Sie hat mir immer bei meiner Arbeit geholfen, und dadurch haben wir mehr Zeit als die anderen miteinander verbracht. In Hamburg habe ich an einer Vorlesung teilgenommen und durch Irmgards Vermittlung ein Praktikum im Annastift in Hannover gemacht. In Hongkong konnte ich dann später eine Zusatzausbildung für Behindertenpädagogik absolvieren und danach eine Schule für Sonderpädagogik aufbauen, wo ich bis zur Pensionierung als Leiterin arbeitete. Irmgard hat mir immer Mut gemacht und mich bei meiner Arbeit unterstützt. Für mich war sie das ganze Leben lang eine Hilfe. Ich bin vier Jahre in Deutschland geblieben, und in dieser Zeit sind wir richtig Freundinnen geworden. Irmgard und mir war klar, dass es so bleiben würde, als mein Mann und ich nach Hongkong zurückgingen. 1973 hat sie uns in Hongkong besucht und ist da auch Patentante von meinem Kind geworden. Ab dann haben wir uns immer abwechselnd besucht.

Wenn Irmgard nach Hongkong kommt, besucht sie meine ganze Familie. Ich habe drei Mütter. Das gab es noch bei den früheren Generationen, heute gibt es das nicht mehr. Es ist so, dass mein Vater der einzige Sohn meiner Großmutter war. Damals haben die Männer sehr früh geheiratet. Mein Vater war siebzehn, und meine erste Mutter achtzehn. Mein Vater ging dann in die Stadt, um zu studieren, und meine Großmutter musste die erste Schwiegertochter als Tochter mit ins Haus nehmen. Dann heiratete mein Vater wieder, meine leibliche Mutter. Sie kann lesen und schreiben, besser als seine erste Frau, darum kann meine Mutter meinen Vater besser verstehen. Meine Mutter hat dann aber keinen Jungen geboren, sondern nur mich, ein Mädchen. Damals war es sehr schwer für eine Frau ohne Sohn, also hat meine Mutter eine dritte Frau für meinen Vater ausgesucht. Die beiden Frauen sind wie Schwestern. Die dritte Mutter hat drei Kinder, zwei Jungen und ein Mädchen. Und alle Kinder nennen meine Mutter »Mama«. Irmgard kennt meine Familie sehr gut, die Eltern, die Brüder, die Schwester. Mein Vater und meine Mutter waren sehr froh darüber, dass Irmgard uns früher geholfen hat, und sie sind ihr sehr dankbar. Wenn Irmgard nach Hongkong kommt, haben wir immer eine große Feier. Dann bestellen wir für alle einen Tisch im Restaurant und feiern sehr, sehr fein.

Irmgard hat ein weites Herz, und sie ist sehr ehrlich. Sie sagt mir immer offen ihre Meinung. Das ist sehr schön, aber ich musste diese Art neu lernen, weil ich sie nicht gewöhnt war. Wir sind uns sehr nah, obwohl wir aus unterschiedlichen Kulturen kommen. In meiner Heimat, in unserer Kultur, machen wir vieles anders, und auch darüber sprechen wir. Es ist bei uns nicht üblich, sich seine Zuneigung so offen zu zeigen, aber von Irmgard habe ich das gelernt, und wenn wir uns wiedersehen, nehmen wir uns immer in den Arm. Jede hat ihre eigene Kultur im Hintergrund, trotzdem genieße ich die deutsche Kultur und Irmgard auch meine. Wir tauschen uns aus, und wir achten uns. Wir haben Respekt vor der Kultur der anderen. Wir brauchen nicht alles gleich zu sehen. Ich bin nicht deutsch, und sie ist nicht chinesisch, jede hat ihr eigenes Selbstverständnis. Aber wir haben beide Achtung füreinander, sie für mich, und ich für sie. Wir können uns gut unterhalten und verstehen uns gut, und bei Schwierigkeiten können wir uns helfen. Wir sind beide krank, Irmgard hatte Krebs, ich Diabetes, auch darin helfen wir uns gegenseitig – aber Irmgard hilft mir mehr.

Wir haben nicht jeden Tag miteinander zu tun, aber in unserem Herzen haben wir einander immer. Wir rufen uns ab und zu an, und wenn etwas passiert ist, erfahren wir es voneinander. Als vor zwei Jahren meine Mutter gestorben ist, kam Irmgard zur Beerdigung, und als mein Sohn geheiratet hat, wollte sie die Hochzeit auch gerne mit uns feiern, ist dann aber krank geworden. Wir sprechen jetzt viel über unsere Krankheiten, darüber, was man in seinem Leben besser machen kann und wie das Leben im Alter aussieht. Wenn wir jetzt älter werden und nicht mehr reisen können, können wir immer noch telefonieren. Wenn es soweit ist, können wir daran nichts ändern.

Ich habe ein Geschenk für Irmgard mitgebracht als Überraschung. Es ist ein lachender Buddha im Lotussitz. In China haben wir viele Tempel, und in fast jedem Tempel gibt es einen lachenden Buddha. Mein Mann hat Irmgard die Bedeutung in chinesisch aufgeschrieben: »Der große Bauch vermag es zu dulden, was unduldsam ist. Der lachende Mund vermag es zum Lachen zu bringen, was lächerlich ist.« Warum ich das Irmgard schenke? Sie hatte es oft schwer im Leben, die Krankheiten, sie musste die Patenkinder versorgen, sich um die Ausländer kümmern. Sie fühlt sich sehr verantwortlich, und das ist manchmal schwierig für sie. Der Buddha soll ihr zeigen: Den großen Bauch hat sie schon, aber noch nicht genug Lachen. Darum schenke ich ihn ihr, der Buddha soll sie immer an das Lachen erinnern.

1989

Corinne Cuéllar und Raja Schwahn-Reichmann

Kunsthändlerin / Malerin und Malerin

CORINNE CUÉLLAR

Freundschaft heißt, dass man Gemeinsamkeiten, aber auch Verschiedensein teilen kann und daraus Kraft schöpft, dass man Sachen zusammen macht und aufeinander zählen kann, wenn es nötig ist. Freundschaft gibt einen Zusammenhalt, der, unabhängig von räumlicher Distanz, immer funktioniert, auf den man immer zählen kann.

Raja habe ich etwa 1982 kennengelernt; es gibt kein festes Datum, weil ich zuerst Rajas späteren Mann Wolfgang kannte – wir haben beide an der Akademie studiert –, und Raja arbeitete dort als Lehrbeauftragte. Am Anfang habe ich sie nur von weitem gesehen. Sie war mir schon als eine tolle Frau aufgefallen: Sie hatte gleichzeitig etwas in sich Geschlossenes und doch etwas Offenes, und ich war neugierig, welche Person dahinter steht. Ich habe Wolfgang häufig besucht und dabei immer öfter auch Raja getroffen. Wir haben dann auch schon zu viert etwas unternommen, meinen späteren Mann Arturo kannte ich ja schon. Raja und ich hatten also eine lose Verbindung, bis wir gemerkt haben, dass wir die gleiche Faszination für ältere Kunst haben. Da haben wir begonnen, zusammen zu reisen, und Raja hat mich immer wieder zum Staunen gebracht, weil sie so viel von allem weiß: Aus welcher Zeit die Möbel sind, aus welcher Zeit die Häuser sind, kleinste Details kann sie sofort präzisieren. Wir haben viele Gemeinsamkeiten entdeckt, zum Beispiel unsere Leidenschaft für alte Kostüme, wobei uns die jeweilige Zeit, aus der die Kleider stammen und ihre Geschichten, sehr interessieren.
Ich mag ihre Energie und Lebensfreude. Sie ist unglaublich liebevoll und teilt alles mit allen. Sie hat eine schöne Art, Leute mit einzubeziehen, und kann ihnen das Gefühl geben, dass sie auch dazugehören und dass sie wichtig sind, das ist eine große Gabe. Unser Freundinnenthema ist die Lebensfreude: Wir genießen den Augenblick und lassen alles auf uns zukommen. Wir treffen uns in Wien, Zürich, Paris oder in anderen schönen Städten, und wir gehen jedes Jahr zusammen in der Schweiz Skifahren.

Zwischen uns gibt es eine gewisse Selbstverständlichkeit, praktische Dinge müssen nicht erst besonders abgeklärt werden, und wenn Komplikationen entstehen, sind sie nicht so gewichtig, dass wir sie nicht auf unkomplizierte Art schnell lösen könnten. Das ist auch bei Reisen so: Es ist nie vorgekommen, dass wir Reibungen aus organisatorischen Gründen hatten oder weil der einen der Ort nicht gefiel, die andere jedoch da bleiben wollte.

Ich kann mich an keinen Konflikt mit Raja erinnern, sie ist auch nicht jemand, die Konflikte nach außen trägt. Ich kann mir auch gar nicht vorstellen, was ich an ihr korrigieren sollte oder was mir unangenehm ist. Das liegt vielleicht auch an der räumlichen Distanz, aber sicher hauptsächlich daran, dass wir uns nicht an Kleinigkeiten festbeißen.

Es ist für mich ein großer Luxus, zu wissen, dass sie da ist. Diese Nähe mit ihr ist eine wunderbare Lebenserweiterung. Obwohl wir uns nicht sehr häufig sehen, ist sie visuell sehr präsent, in der Wohnung ist sehr viel von ihr. Sie hat das Schwimmbad gestaltet, die Küche, und im Moment ist die Wohnung noch voll mit Dekorationen vom letzten Fest. Dadurch und auch, dass ich immer weiß, dass wir uns bald wiedersehen, ist sie ein Teil meines täglichen Lebens.

Wenn ich nach Wien komme, gibt es immer einen besonderen Anlass. Manchmal koche ich in Wien bei Raja, weil am Abend ein Riesenfest stattfindet, aber ich nehme auch an dem teil, was gerade passiert, oder wir gehen zusammen in Rajas Atelier. Dann sprechen wir über das, was im Atelier steht, oder über gemeinsame Freunde. Alles ist aus dem Augenblick heraus, wir haben keine analytische Freundschaft und schütten uns nicht gegenseitig das Herz aus, sondern wir teilen das, was gerade stattfindet.

Für mich ist jetzt die Malerei neu und nimmt einen großen Raum ein, das ist auch ein Thema zwischen uns. Wir wollen dieses Jahr zusammen in Norditalien malen gehen. Ich hatte eine Ausstellung in New York, da ist Raja hingekommen. Das war sehr wichtig für mich, und es hat mich natürlich wahnsinnig gefreut. Ich male ganz anders als sie, aber sie ist in gewissem Sinne ein Vorbild für mich. Uns verbindet eine Entdeckerfreude, wir können uns immer wieder neue Bereiche des Lebens erschließen und sehen Dinge neu, die gar nicht so offensichtlich sind.

Ich bin mit Wolfgang weiterhin gut befreundet, und er und mein Mann Arturo verstehen sich auch sehr gut, so unternehmen wir manchmal auch zu viert etwas. Durch die

Entfernung zwischen Zürich und Wien sehen wir uns zwar nicht so oft, das hat aber den Vorteil, dass wir uns dann wirklich aufeinander freuen.

Bei Raja spielt Erotik eine große Rolle. Es sind diese Momente, wenn wir zusammen mit allen Freunden feiern, diese Momente, in denen man in einem weiteren, entspannteren, auch erotischeren Rahmen Dinge genießen und teilen kann, die man sonst im gewöhnlichen Alltag gar nicht zulässt.

Die Freundschaft mit Raja ist ein Bestand, der zur selben Zeit bereichernd und auch total selbstverständlich ist. Ohne sie zu leben, wäre so absurd wie: Du darfst nicht mehr in die Berge fahren!, also so, als wenn man etwas Selbstverständliches aus meinem Leben herausnehmen würde, darum sehe ich nicht, dass sich das je ändern sollte.

Raja Schwahn-Reichmann

CORINNE CUÉLLAR

Raja Schwahn-Reichmann

Freundschaft ist nichts Nützliches, sondern etwas Aufregendes, sie fängt dort an, wo es spannend ist und wo ein Austausch stattfindet.

Corinne habe ich ungefähr 1982 kennen gelernt. Es war ein fließendes Kennenlernen, eigentlich über meinen späteren Mann, der mit Corinne während des Studiums viel zu tun hatte. Durch diese doppelte Verbindung, dass Corinnes damaliger Freund und jetziger Mann und mein damaliger Freund und jetziger Mann sich gut verstanden, gab es eine sehr starke Verbindung, der man nicht entkommen konnte, und das hat bewirkt, dass wir viel zusammen unternommen haben. Aus diesem Sich-Begegnen hat sich im Laufe der Zeit eine Freundschaft entwickelt.

Ganz am Anfang habe ich Corinne als sehr korrekt empfunden, ganz im Gegensatz zu mir, die ich ja sehr chaotisch war. Sie hatte eine Aufgeräumtheit, die ich mir immer für mich gewünscht hätte. Wir haben festgestellt, dass wir beide sehr begeisterungsfähig sind, und wenn man sich gemeinsam für etwas interessiert, vertieft sich das Verhältnis natürlich. Bei uns ist es das Historische, weil wir beide vom Restaurieren kommen, die alten Zeichnungen, die alten Grafiken, mit denen Corinne beruflich zu tun hat, bis hin zum Selberzeichnen, das ich ja schon immer gemacht habe und das sie jetzt auch angefangen hat. Wir haben auch eine große Faszination für alles Textile, eine Kostüm-Sammelleidenschaft, wobei Kostüm für alle historischen Kulturgeschichten weltweit steht, also auch für Ethnografisches.

Es hat immer Berührungspunkte gegeben, auch wenn wir früher nicht so viel zusammen organisiert oder gemacht haben. Ich kann mich erinnern, dass sie in Japan war und mir dann voller Begeisterung die japanischen Papiere und Stoffe gezeigt hat. Dort war ich noch nie, aber die Begeisterung konnte ich natürlich mit ihr teilen, und da sieht man schon, dass wir ähnliche Wellenlängen haben. Das Restaurieren war eine unglaublich wichtige Sache für uns beide, weil man dabei so viel von alten Zeiten, von Materialien, von Kulturen lernt, dass es immer eine schöne Basis für das nächste Thema bietet. Wir bewundern zum Teil dieselben Barockmaler, besonders die Tiepolo-Familie. Von ihrer Hand stammen sehr lustige Szenen. Sie haben in Kirchen und Altären gemalt, dieses fast Ganzheitliche, wie es damals üblich war, bis hin zu lustigen kleinen Pulcinellen-Szenen. Es gab dazu eine große Jubiläumsausstellung in vielen Orten in Norditalien, und Corinne und ich haben zu den Orten eine sehr schöne gemeinsame Fahrt gemacht. Es war spannend, so etwas anzuschauen mit jemandem, der dafür ein geschärftes Auge hat; man freut sich an denselben Stellen.

Ich mag an ihr, was wir gemeinsam haben, und ich bewundere an ihr, was ich nicht habe: diese Konsequenz und dieses Gut-Organisiert-Sein. Sie setzt durch, was sie gerne machen möchte, und lässt sich nicht durch Unwägbarkeiten davon abhalten. Sie hat zum Beispiel vor ein paar Jahren mit dem Malen und Zeichnen angefangen, was nicht einfach ist mit den drei Kindern und der Partnerschaft und dem Beruf. Mir gelingt es eher selten, die Zeit für das freizuhalten, was ich für mich tun möchte. *Ich glaube, dass unsere Unterschiedlichkeit* befruchtend ist. Ich möchte nicht das Gefühl haben, dass die andere quasi ein Abziehbild von mir ist oder mich nur adoriert, das wäre

unerträglich für beide. Zwischen uns findet wirklich ein Austausch statt, und das, was mir gefällt, ist für sie eine Entdeckung und für mich umgekehrt auch. Ich lasse mich von dem anstecken, was sie entdeckt und interessiert.

Ich habe mehrere Frauenfreundschaften, die mit der zu Corinne vergleichbar sind, aber natürlich nicht gleichwertig. Unsere Freundschaft hat etwas völlig Unverwechselbares, weil wir uns am längsten kennen. Sie ist immer weiter gewachsen, und es ist toll, wenn man sich fast zwanzig Jahre kennt und die jeweiligen Veränderungen mehr oder weniger parallel laufen. Wenn man ungefähr in dieselbe Richtung schwenkt, kann man der anderen folgen. Wir haben viel miteinander zu tun, weil Corinne inzwischen auch meine beste Auftraggeberin geworden ist. Es gibt also neben der persönlichen auch eine berufliche Basis.

Das Charakteristische unserer Freundschaft ist wahrscheinlich, dass wir über Jahre hinweg nicht die Neugier an der anderen verloren haben. In gewissen Gebieten ist die eine der anderen immer einen Schritt voraus ist, was für die andere dann wieder interessant ist. Es ist passiert, dass ich irgendwo etwas sehe und für Corinne mitnehme und mir sicher sein kann, dass es ihr Interesse trifft, obwohl es etwas Neues ist. Corinne geht das Risiko ein, mich mit so großen Sachen wie der Schwimmbad- und Küchengestaltung zu beauftragen. Sonst muss man bei kleinen Sachen oft sehr genaue Ansichten und Skizzen machen, in dem Fall hat es nur eine vage Skizze gegeben. Corinne ist davon überzeugt, mich gut genug zu kennen, um mir dieses Vertrauen zu schenken, und hat sich gleichzeitig diese Neugier auf das, was ich daraus mache, bewahrt. Diese Haltung von ihr hat mich bei meiner Arbeit sehr beflügelt, weil ich ein Riesenvertrauen spüre.

Wenn wir uns treffen, ist es ein Miteinander-Genießen, wir führen nicht diese typischen Frauengespräche. Corinne kommt meistens nach Wien, weil wieder ein Fest gefeiert wird, und auch deshalb herrscht schon eine sehr positive Grundstimmung. Wir wälzen keine Probleme, es geht eher darum, den Freunden genießerisch zuzuprosten. Da wir so weit voneinander entfernt wohnen, keinen Alltag miteinander haben und auch im beziehungsmäßigen Sinn kaum aufeinander angewiesen sind, haben wir wenig Reibungspunkte. Die engsten Situationen ergeben sich bei unseren gemeinsamen Reisen, da sind wir aufeinander angewiesen, voneinander abhängig. Corinne ist belastbar, hat eine gute Kondition und ist überhaupt nicht wehleidig, auch nicht in Nepal oder in anderen extremen Situationen, als wir ganz schlecht untergebracht waren. Sie wäre die Letzte, die anfängt, ungemütlich zu werden oder gar weinerlich.

Wenn mich etwas an ihr stören würde, könnte ich es ihr sicher erklären. Sie geht souverän mit Dingen um, die sie wahrscheinlich selber als Fehler an sich empfindet, sie kann also gut gegensteuern und wird nicht selbstmitleidig. Sie ist wirklich sehr diszipliniert und trotzdem offen und strapazierfähig. Wahrscheinlich würde sie es eher als Anregung aufnehmen, wenn ich ihr sagte, dass mich dies oder das an ihr stören würde.

Ich denke, dass zu jeder Sympathie eine Art Erotik gehört, und Frauen, die das zulassen, gefallen mir besser, in deren Nähe fühle ich mich wohler. Wenn ich merke, dass eine Frau so ein asketischer, fundamentalistischer, zugeknöpfter Brocken ist, dann ist doch eh' klar, dass da nichts schwingt. Bei Corinne habe ich immer das Gefühl, dass eine große Bereitschaft für Erotik da ist und dass sie es genießt und auch schön findet, die andere anzusehen, wenn die sich weiblich geben kann. Ich mag es auch sehr, wenn sie sich schön herrichtet, und freue mich daran. Bei allen meinen Freundinnen genieße ich es und möchte am liebsten nachhelfen und immer noch ein bisschen dazu malen und ein bisschen stylen. Bei Corinne ist es so toll, weil sie sehr das Weibliche lebt. Es macht auch einen Riesenspaß, aus meinem großen Kleiderfundus Kleider für ein Fest auszusuchen und anzuprobieren.
Unsere Freundschaft ist frei, sie ermutigt uns, Neues auszuprobieren. Wenn jemand so neugierig ist auf das, was ich mache – und diese Anteilnahme, diese Neugier spüre ich besonders bei Corinne –, freut mich das irrsinnig, weil ich dann das Gefühl habe, dass meine Interessen nicht unwichtig sind. Corinne und auch ihr Mann sind wie Verwandte, die immer schauen, wie es einem geht, und wo man sicher nicht verloren wäre, falls man nur noch die beiden hätte; und falls es einem schlecht ginge, wäre es eine totale Verantwortung füreinander.

1975

Hannelore Elsner und Wunschfreundin

Schauspielerin

HANNELORE ELSNER

Freundschaft heißt Vertrauen, Zuhause, Heimat, Rückhalt; Heilung auch irgendwie. Freundschaft gibt Geborgenheit und ist etwas Mütterliches, Nährendes, Beschützendes.

Wenn ich an »die beste Freundin« denke, kommen mir sofort Mädchenfreundschaften in den Sinn. In der Klosterschule hatte ich verschiedene beste Freundinnen. Wenn die nächste beste Freundin dran war, war die andere eifersüchtig. Auch ich war mal beste Freundin von jemandem und dann wieder nicht mehr. Heute habe ich keine beste Freundin, jedenfalls keine außerhalb von mir. Nicht, weil ich keine beste Freundin haben will, sondern weil ich keine habe. Es ist ja auch Glückssache, so einen Menschen zu finden, denke ich.

Eigentlich bin ich mir selbst die beste Freundin. Ich bin es nicht immer gewesen, aber das hat wohl mit meiner Biografie zu tun. Ich habe keine Schwestern, sondern Brüder, und ich habe meinen Vater sehr geliebt, der viel zu früh gestorben ist. Zu meiner Mutter hatte ich keine besonders gute Beziehung. Ich meine, wer nicht so eine enge Mutterbeziehung haben kann und auch keine Schwester hat, der ist das Weibliche ein bisschen fremd. Wer sich als Mädchen, als junge Frau, selbst nicht so nahe ist, überwindet das vielleicht eher durch eine beste Freundin, das kann schon sein. Doch bei mir war es nicht so: Ich habe in mir selbst gesucht. Irgendwie kam ich immer besser mit Männern zurecht. Ich hatte mehr Vertrauen zu ihnen, und sie waren mir näher. Das hat wahrscheinlich damit zu tun, dass ich so lange nicht genau gewusst habe, wer ich bin, weil ich irgendwie noch verpuppt war und nicht wusste, was daraus werden sollte. Ich war in einer Art Winterschlaf. Ich war sehr gerne allein, allerdings möchte ich das nicht Einsamkeit nennen. Ich habe stundenlange Spaziergänge gemacht, die für mich sehr wichtig waren. Gerade, wenn es mir nicht gut ging, bin ich spazieren gegangen, und das war für mich vielleicht besser, als mit der besten Freundin zu sprechen. Ich weiß es nicht genau, ich hatte ja keine, so habe ich sie also vielleicht in mir selbst gesucht, gewissermassen als Wunschfreundin.

Mit neunundzwanzig, dreißig Jahren, als meine Mutter gestorben ist oder als ich mein Kind bekam, das waren große Einschnitte. Als ich mein Kind hatte, bin ich wirklich zu mir gekommen. Da habe ich meine Kraft entdeckt, die Kraft, die in mir steckt, und da war ich sehr glücklich, dass ich diese Kraft für ein Kind geben und nicht nur in Rollen ausleben konnte. Das war etwas Großes und ganz Wichtiges in meinem Leben. Dadurch wurde dieser Prozess in Gang gesetzt. Das ist nun schon zwanzig Jahre her, und es dauert immer noch an. Und ich denke, dass mein Beruf sehr gut für mich ist, weil ich so viel Dramatik, Tragik, Passion los werde, also alles, auch große Trauer und Schmerzensgefühle, werde ich los. Das ist dann wie eine Katharsis. Das ist schon sehr gut für mich.

Die beste Freundin, die ich in mir suche, müsste schon viel weiter sein als ich, denke ich mir. Sie sollte eine schöne, eine weise Frau sein, die sehr viel über Weiblichkeit weiss, auch über Mutterschaft und darüber, wie das Leben in den Griff zu bekommen ist.Wahrhaftig müsste sie sein, ja. Und sie müsste heiterer sein, als ich es bin, und nicht so gespalten. Sie müsste mehr eine Einheit sein. Ich bin zu sehr himmelhoch jauchzend, zu Tode betrübt, wie eine Melancholikerin halt. Meine Zerrissenheit stört mich, und dass ich mich zu sehr verausgabe

und meine Energien so schlecht bei mir behalten kann. So ein Gleichgewicht müsste sie haben, diese Wunschfreundin, oder auch ich für mich. Also, mir ist schon klar, dass ich viele Frauen bin. Und die alle unter einen Hut zu bringen, das ist nicht so einfach. Es ist verwirrend, viele Möglichkeiten zu haben, gleichzeitig aber auch etwas unglaublich Schönes. Aber ich gebe mich zu sehr aus und dann muss ich mich wieder zurückziehen und Energie tanken. Das hat auch etwas Schönes, sich auszugeben, herzugeben, hinzugeben und sich dann wieder aufzufüllen. Es ist etwas Fließendes. Bei so vielen Möglichkeiten muss man sich klar sein, was man will oder was gut für einen ist, und das herauszufinden, das müsste mir meine weise Freundin sagen, und sie tut es immer mehr.

Die beste Freundin müsste ordentlich sein, im Gegensatz zu mir, sie müsste dieses ganz normale Leben ganz leicht in den Griff bekommen. Manchmal habe ich das Gefühl, dass ich die schweren Dinge ganz gut kann, aber die leichten Dinge, die fallen mir sehr schwer. Die beste Freundin müsste also die Dinge leichter nehmen und dürfte sich nicht so schnell beeindrucken lassen, weder von schönen Dingen noch von schlechten. Aber ich denke schon, dass ich mir allmählich die beste Freundin bin, weil ich mich immer wieder zurückziehe, ich bin der Weisheit auf der Spur. Ich werde schon irgendwann mal wissen, was richtig ist. Und ich mag, dass ich keine Eile habe und nicht das Gefühl habe, etwas versäumt zu haben. Ich spüre schon, dass es da ist, irgendwann wird es sich zeigen und plötzlich da sein. Wenn ich mich zurückziehe, mich von allem Schrott löse, von allen körperlichen und geistigen Schlacken befreie und dann meditiere, tue ich etwas unglaublich Wertvolles für mich. Das ist mein Geschenk an mich. Es hilft mir, das Zusammenleben mit mir leichter zu machen. Es ist eine schöne Idee, sich als mindestens zwei zu betrachten. Ich habe wirklich viele verschiedene Menschen und Wesen in mir. Das eine Wesen ist ganz extrovertiert und süchtig nach Leben, nach Zerstreuung, nach äußeren Freuden, ja, auch nach Festen. Und die andere Person ist ganz zurückgezogen, traut sich manchmal nirgendwo hin. Dem muss ich dann einfach nachgeben. Wenn ich mich nicht heraus traue, soll ich auch nicht heraus gehen, dann ist es für mich eben gerade richtig, bei mir zu bleiben. Seit ich über die beste Freundin nachdenke, weiss ich, dass ich in mir selbst dauernd auf der Suche nach ihr bin. Und wahrscheinlich bin ich erst jetzt so weit, das zu verstehen und ihr näherzukommen. Je älter ich werde, desto besser erkenne ich sie.

Diese verschiedenen Freundinnen in mir müssen sich ergänzen, sich gut tun, sich einander nähren, sie dürfen sich nicht dauernd streiten, was sie allerdings doch manchmal tun. Die eine will etwas machen, und die andere will das nicht. Oder die eine weiß ganz genau, dass es nicht gut ist, und die andere will es trotzdem. Auch das sind beste Freundinnen, ganz klar. Aber das muss irgendwann aufhören, und dann müssen sie irgendwann mal einer Meinung sein. So stelle ich mir meine Wunschfreundin vor, dass wir nicht mehr so viel reden müssen, nicht mehr so viel Überzeugungsarbeit leisten müssen. Dass alles ganz leicht geht, dass wir uns gegenseitig beschenken. Für den Partner oder auch für meinen Sohn ist es nicht so einfach, wenn ich dann wirklich für mich und mit mir bin. Dann können sie mich mal nicht haben. Ich frage mich, wem das eher zugestanden wird: zwei wirklichen Freundinnen oder mir mit meiner Wunschfreundin in mir. Wahrscheinlich werden die zwei wirklichen Freundinnen eher akzeptiert.

Früher, wenn ich Filme von mir gesehen habe, fand ich mich immer schlecht. Doch jetzt, mit großem Abstand, schaue ich die Filme wieder an, und ich denke: Das ist doch gut, warum warst du so ungerecht zu dir? Wenn ich

Fotos von früher sehe, dann habe ich ein ganz zärtliches Gefühl diesem kleinen Mädchen gegenüber, auch wenn sie da schon eine junge Frau war. Und dann tut sie mir leid, weil ich so genau sehe, dass sie da steht mit dem hübschen Gesicht und überhaupt nicht weiß, wer sie ist. Dann habe ich ein ganz mütterliches, zärtliches Gefühl ihr gegenüber. Ich sehe die ganze Angst, und ich sehe dieses Nicht-bei-sich-Sein und dieses Angewiesensein auf die Zuwendung und Kritik der anderen. Ich konnte mich nicht sehen und habe nur gemerkt, dass ich immer wieder zu mir zurückkommen muss. Ich kann jetzt viel mehr zu dem stehen, was ich meine, was ich sage, was ich darstelle. Ich bin nicht mehr so sehr angewiesen auf die Beurteilung der anderen. Ich weiß einfach genauer, was für mich richtig ist und was nicht richtig ist. Ich bin zwar noch nicht ganz meine Wunschfreundin, aber doch meine beste Freundin.

1994

ANJA KRAFT UND DENISE LAU

siebenundzwanzig und sechsundzwanzig

Erzieherin in der Ausbildung und Restaurantfachfrau

Anja Kraft

Für mich bedeutet Freundschaft, dass man sich nahe steht, sich aufeinander verlassen kann, dass man nicht fordert und dass man Verständnis füreinander hat.

Denise und ich haben uns 1989 in der Schule in Karl-Marx-Stadt kennen gelernt. Wir hatten dort zusammen Sport. Zuerst mochte Denise mich gar nicht, warum, weiß ich auch nicht, aber als wir uns besser kennen gelernt haben, stellten wir fest, dass wir den gleichen Humor haben. Wir haben unheimlich viel zusammen gelacht. So sind wir uns näher gekommen. Denise war immer ein bisschen schüchtern. Wir hatten Kontakt, aber beste Freundinnen waren wir nicht. Wir haben uns in der Clique getroffen, und wir mochten uns. Zu der Zeit hatte ich noch eine andere beste Freundin, was sich dann aber geändert hat. Denise und ich hatten beide Probleme mit unserem Elternhaus und konnten ein bisschen füreinander dasein. Ich weiß nicht, wie ich Denise beschreiben soll. Sie ist in ihrem Herzen so gut, so durch und durch gut, sie würde nie Intrigen spinnen. Ich vertraue ihr einfach hundertprozentig.

Auch als wir mit der Schule fertig waren, haben wir uns jeden Tag gesehen. Dann hatte Denise auf einmal eine andere Freundin, die ihr wichtiger war. Ich fühlte mich verletzt, wir haben uns gestritten und hatten bestimmt ein Jahr überhaupt keinen Kontakt miteinander. Denise hat ihre Lehre angefangen, ich habe meine Lehre angefangen, sie aber wieder abgebrochen. Dann bin ich nach Einsiedel gegangen, und da habe ich Denise wiedergetroffen, und wir haben wieder viel Zeit miteinander verbracht. In ihrer Klasse war ein Mädchen, die ihr sagte, dass sie auch Frauen mag und dass sie an Denise interessiert sei. Da habe ich bei mir genauer hingefühlt. Ich hatte vorher schon gemerkt, dass irgendetwas anders bei mir ist. Ich hatte immer so ein Kribbeln im Bauch, wenn Denise und ich verabredet waren, aber ich wäre nie auf die Idee gekommen, dass ich verliebt in sie bin. Aber als sie mir von der Freundin erzählte, bin ich ein bisschen eifersüchtig geworden. Ich fing an, mein Gefühl mehr auszuleben, habe es richtig ausgereizt. Wahrscheinlich wollte ich testen, was ich bei Denise bewirken kann, und so sind wir ein Liebespaar geworden.

Von dem Tag an sind wir zusammen gewesen. Ein halbes Jahr später hat Denise ihre Lehre abgeschlossen, und weil sie sehr ehrgeizig ist, wollte sie nicht in Chemnitz bleiben. Wir haben bei ihr in der Küche gesessen und eine Flasche Berentzen geleert, als sie mir sagte, dass sie weggehen will. Ich habe geweint, weil ein Abschied abzusehen war. Danach bin ich zu meiner Freundin nach Griechenland geflogen, und in dieser Zeit ist Denise mit ihrem Vater nach Hamburg gefahren, wo ihr Bruder lebte. Als ich sie aus Griechenland anrief, erzählte sie mir, sie habe eine Arbeitsstelle und bliebe gleich oben. Das war also ihr Abschied aus Chemnitz. Für mich war es grauenvoll. Sie war auf einmal weg, und da war ein großes Loch. Es war dann klar, dass ich zu Denise nach Hamburg ziehen will, wenn ich mit der Ausbildung fertig bin.

Ich glaube, als wir ein Liebespaar geworden waren, bestand der Unterschied darin, dass wir beide wussten: Jetzt wir haben uns für immer, da kommt niemand dazwischen. Aber auf einmal hat man Ansprüche, andere Ansprüche. Wir haben aneinander geklammert. Aber Denise ist sehr ehrgeizig, sie wollte sich weiterentwickeln, während ich eher auf Sicherheit aus war. Mit Veränderungen bin ich schlecht klar gekommen. Es war alles schön so, wie es war, und so sollte es auch bleiben. Denise wollte das nicht. Sie hat angefangen, im »Café Endlich« zu arbeiten, hat natürlich eine Menge interessante Leute kennen gelernt und hat dann unsere Beziehung beendet. Das war für mich das Schlimmste, was mir je passiert ist, andererseits aber auch das Beste, was mir passieren konnte, weil es mir einen Schubs gegeben hat und weil ich mich seitdem sehr verändert und weiterentwickelt habe. Das war vor zwei Jahren. Wir haben dann beide im »Café Endlich« gearbeitet, hatten aber keinen Kontakt. Für mich war es schwer, nicht mehr zu wissen, was sie macht. Aber letztendlich war es gut, dass wir uns die Zeit gegeben haben.

So ist dann die Annäherung an eine Freundschaft wieder möglich geworden. Das hat sicher damit zu tun, dass wir immer respektvoll miteinander umgegangen sind. Respekt und Achtung sind die wesentlichen Merkmale unserer Freundschaft. Wir sind uns immer

nahe, und wir sehen uns auch, aber nicht mehr so oft. Wir erzählen uns, was so passiert, und wenn mich etwas bedrückt, ist Denise die Person, der ich es erzähle, und ich bin, glaube ich, auch die Person, der Denise es erzählt. Denise hat im Moment keine Freundin. Aber Denise und meine Partnerin sind auch sehr gut befreundet. Es gibt keine Eifersucht zwischen uns. Ich glaube, auch in Bezug darauf ist es ein Unterschied, ob man einen männlichen Partner oder eine weibliche Partnerin hat. Männer sind eher eifersüchtig auf die besten Freundinnen ihrer Partnerin, weil die über alles reden können, wir das ja aber auch mit unserer Partnerin können. Der Hauptunterschied zwischen einer Liebesbeziehung und einer Freundschaft ist, dass man bestimmte Ansprüche und Erwartungen an die Partnerin hat, während man bei einer Freundin eher tolerant ist. Bei Denise bin ich, glaube ich, auch toleranter, entspannter als bei meiner Freundin.

Wir haben keine Rivalität. Im »Café Endlich« wird Denise ein bisschen auf ein Podest gestellt, und oben am Tresen hängt eine Galionsfigur, und dann sage ich immer: Guck mal, die hat dein Gesicht. Aber ich habe keine Neidgefühle, ich weiß, ich bin ich, und Denise ist Denise. Das habe ich durch die Trennungszeit gelernt. Ich finde es jetzt umso schöner, dass ich ihr wirklich von ganzem Herzen wünsche, dass sie glücklich ist. Wir nehmen uns gerne in den Arm, das ist immer noch so. Das hat nichts mit der Liebesbeziehung zu tun, es ist Bestandteil unserer Freundschaft. Meine Freundin, mit der ich zusammen bin, ist Österreicherin, sie kommt aus Salzburg. Sie möchte gerne wieder zurückgehen, und ich würde auch gerne nach Salzburg ziehen, weil ich mich in die Stadt verliebt habe. Gerade hatten wir ein Gespräch zu dritt, Denise, Sonja und ich. Denise hat mich gefragt: Wenn ich zu dir sagen würde, bleib hier, würdest du dann hierbleiben? Ich habe geantwortet: Frage mich das bitte nicht, so weit ist es noch lange nicht. Aber ich würde natürlich nicht für Denise hierbleiben. Ich würde mit meiner Partnerin gehen, aber vorstellen möchte ich es mir eigentlich nicht. Und dann hat Denise gesagt: Wenn ihr nach Salzburg geht, und ich habe hier oben nichts, was mich hält, dann möchte ich gerne mitgehen. Das hat mich sehr erstaunt. Aber es war ein schönes Gefühl.

Ich denke, eine Freundschaft ist sehr kostbar, und als wir eine Liebesbeziehung hatten, mit dem Gefühl, dass wir uns nicht mehr verlieren können, haben wir uns getäuscht, denn eine Freundschaft ist viel fester. Bei einer Freundschaft hat man nicht die Ängste, es könnte jetzt jemand anderes kommen. Eine Freundschaft ist bestimmt dauerhafter. Es gibt ein schönes Bild, zwei alte Frauen auf einer Parkbank unter einem Schirm sitzend, und Denise und ich haben uns das angeguckt und haben gesagt: Das sind doch wohl wir.

Denise Lau

Anja Kraft

Unter Freundschaft verstehe ich ein harmonisches Geben und Nehmen. Ich muss mich auf meine Freundin verlassen können. Ich will, wenn ich ein Problem habe, dass sie für mich da ist und dass es umgekehrt genau so ist.

Mit Anja bin ich in unserer Schule in Kontakt gekommen. Ich war fünfzehn und in der 9. Klasse, sie eine Klasse über mir, und wir hatten Sport zusammen. Sie fiel sie mir durch ihren tollen Humor auf. Mich faszinieren Menschen mit Humor. Auf dieser Ebene fängt bei mir alles an, ob Beziehung oder Freundschaft. Dann irgendwann, Ende der 9. Klasse, kam sie mit auf den Spielplatz, wo sich unsere Clique immer getroffen hat, und da haben wir uns näher kennen gelernt. Nur wir beide konnten herzhaft über einen »Bravo«-Ausschnitt lachen, die anderen verstanden den Joke überhaupt nicht. Da habe ich gemerkt: Wir haben die gleiche Wellenlänge, uns verbindet etwas. Ich hatte ein ganz inniges Gefühl zu ihr.

Seitdem habe ich Anjas Nähe gesucht. Sie hatte zu der Zeit eine andere beste Freundin, und ich war mir manchmal nicht sicher, ob ich zu aufdringlich bin. Ich war sehr, sehr schüchtern. Nur bei Anja habe ich mich so gehen lassen können, da konnte ich so sein, wie ich wirklich bin. Ende der 9. Klasse hatten wir eine wilde Zeit, und wir wollten alle Moped fahren. Niemand von uns hatte einen Führerschein, aber ich hatte mir in den Kopf gesetzt, auch mal zu fahren, und habe mir dann von einem Schulkameraden ein Moped ausgeliehen. Anja wollte mitfahren. Ich habe sie fahren lassen, und dabei sind wir aus einer Kurve geflogen, und Anja ist mit dem rechten Knie gegen einen Eisenzaun geschleudert worden, und ihre Kniescheibe ist total zersplittert. Ich habe sie dann jeden Tag im Krankenhaus besucht, ihr Briefe geschrieben oder kleine Geschenke mitgebracht, und das hat uns dann total zusammengeschweißt. So fing eigentlich alles an. Als die Schule zu Ende war, bin ich zur überbetrieblichen Ausbildung nach Einsiedel gekommen. Dorthin kam auch Anja nach ein paar Monaten, und unser Kontakt wurde wieder enger. Es gab in meiner Lehre ein paar Frauen, mit denen ich viel herumgezogen bin. Eine von ihnen erzählte mir, sie sei lesbisch, und das hat mich interessiert. Unbewusst war mir bereits klar, dass ich lesbisch bin. Ich fand es

immer sehr schön, mit Schulkameradinnen zu knutschen. Diese Frau wollte irgendwann mehr von mir, und ich wollte das auch gerne. Als ich das Anja beichten wollte, stellte sich heraus, dass sie es schon gespürt hatte, und da fing es auch zwischen uns an zu kribbeln. So sind wir zusammengekommen. Das war total schön, wir waren ja vorher schon so eng befreundet und kannten uns so gut. Dann eine noch viel innigere Beziehung einzugehen, ist wirklich einmalig. Anja ist der einzige Mensch, den ich wirklich richtig liebe, immer noch, wenn auch jetzt auf eine ganz andere Art. Ich bin dann nach Hamburg gegangen, weil mein Bruder hier wohnte. Ich war sehr ehrgeizig, und ich wollte weg, weg, weg. Ich wollte in die Welt hinaus, und vor allem wollte ich Geld verdienen.

Aber es war schwierig, mich von Anja zu trennen, wir waren gerade ein halbes Jahr so eng zusammen gewesen. Anja kam mich dann ein paar Mal besuchen, sie hatte Angst, dass wir uns schnell entfremden würden. Ein halbes Jahr später ist sie nachgekommen und zu mir in meine kleine Ein-Zimmer-Wohnung gezogen. Nach nur eineinhalb Wochen hatten wir uns verkracht. Wir hatten ja noch nie zusammengewohnt, und plötzlich waren wir 24 Stunden zusammen. Ein anderer Grund unserer Trennung war, dass Anja einen Freund hatte. Sie war in einer Phase, in der sie nicht so recht wusste, ob sie lesbisch oder bisexuell ist. Als ich erfuhr, dass sie einen Freund hatte, habe ich es zuerst nicht geglaubt. Dann habe ich einen furchtbaren Schmerz gespürt. Ich habe zum ersten Mal verstanden, was es heißt: Mir zerreißt das Herz.

Sie ist meine erste große Liebe, es war das erste Mal, dass ich so viel für jemanden empfunden habe. Für Anja war es ein Hin und Her, sie wollte ihn, und sie wollte mich, aber ich habe gesagt: Beide kannst du nicht haben.

Aber dann habe ich doch wieder um sie gekämpft, weil ich sie liebe, und irgendwann ist sie wieder zurückgekommen. Wir sind in eine 2-Raum-Wohnung umgezogen, nach einem Jahr hat sie aber wieder jemanden kennen gelernt. Da habe ich beschlossen: Jetzt ist Schluss. Ich habe mir eine Wohnung gesucht und bin Knall auf Fall ausgezogen. Ich habe sie noch geliebt, aber auf eine ganz andere Art und Weise. Es hatte sich wieder mehr zu dieser freundschaftlichen Liebe entwickelt. Obwohl Anja das so nicht wollte, blieb ich standhaft. Ich wollte auch erst mal keinen Kontakt mehr zu ihr haben. Gott sei Dank hatte sie nach einem dreiviertel Jahr eine neue Beziehung. So haben wir uns langsam wieder einander genähert. Jetzt ist es wieder so, wie es vor unserer Liebesbeziehung war.

Eigentlich habe ich mit Anja die ganze Palette von Gefühlen durchgemacht: Schmerz, Leid, Trauer, Hass, Liebe – alles. Jetzt sind wir wieder so gut befreundet, als hätte es nie Hass zwischen uns gegeben. Das Wesentliche unserer Freundschaft ist diese geistige Nähe. Wir verstehen uns ohne Worte, und ich weiß genau, wenn es mir nicht gut geht, ist sie die erste, an die ich mich wenden kann. Bei ihr bin ich in guten Händen. Sie ist eine der wenigen Personen, denen ich hundertprozentig vertraue, egal, was es ist.

Seit wir keine Liebesbeziehung mehr miteinander haben, können wir viel besser mit Konflikten umgehen. Wir sind uns ganz, ganz nahe, auch wenn wir uns nicht andauernd sehen. Wenn ich eine neue Beziehung habe, möchte ich, dass Anja meine Freundin gleich kennen lernt, weil mir ihre Meinung wichtig ist. Die Frau muss auch akzeptieren, dass ich gerne mit Anja schmuse, wir nehmen uns in den Arm oder flirten auf einer freundschaftlichen Ebene. Das ist etwas, was ich nicht aufgeben möchte für eine Liebesbeziehung. Ich bin ein Mensch, der Ziele braucht. Ich weiß, was ich erreichen möchte. Einerseits möchte ich ein eigenes Geschäft, ein Café oder ein Restaurant haben, andererseits wünsche ich mir eine feste Partnerin – eine kleine Familie, irgendwo ein Haus, Schweinchen, Hund, Katze. Ob das mit Anja sein könnte, weiß ich nicht. Es gibt so ein, zwei Dinge, die ich in der Freundschaft mit ihr akzeptieren kann, nicht aber in einer Beziehung. Da würde es mich zur Weißglut bringen.

Aber ich mag Anjas Wärme, ihre Herzlichkeit und ihre Verschmustheit, auch ihre Zuverlässigkeit, obwohl sie teilweise auch sehr unzuverlässig sein kann. Aber wenn sie merkt, dass es für mich oder für uns beide wichtig wäre, dann ist sie auch da. Ich kann auf Anja zählen, das weiß ich genau. Ich hoffe, dass wir so lange wie möglich befreundet bleiben, auch wenn sich irgendwann unsere Wege trennen, weil wir in verschiedene Richtungen gehen wollen.

1990

Brigitte Leeser und Adrienne Goehler

zweiundfünfzig und fünfundvierzig

Literaturwissenschaftlerin / Autorin und Präsidentin der Hochschule für Bildende Künste, Hamburg

Freundschaft verbinde ich mit Toleranz, Liebe, Zuhören, Zeit haben. Aber das Wichtigste ist, dass Freundschaft etwas Freilassendes haben sollte. Und ohne Zwang ist.

Adrienne habe ich 1984 kennen gelernt. Ich erinnere mich genau an unsere erste Begegnung: Wir haben einen gemeinsamen Freund. Er wohnte im Haus über uns, und es war unter uns so üblich, dass man abends, wenn man spät nach Hause kam und bei Gustav noch Licht brannte, bei ihm klopfte und noch ein Glas Wein trank. Er hatte mir oft von Adrienne erzählt. Eines Abends saß da Adrienne in seinem Ohrensessel. Es war ein langes Gespräch über Liebe und Verlassensein und Einsamkeit. Plötzlich fiel Adrienne in eine abgrundtiefe Traurigkeit. Sie versank fast in dem großen Sessel. Da bin ich um den Tisch herumgegangen und hab die mir ganz fremde Frau in den Arm genommen. Das ist eine Art Urgeste unserer Freundschaft. Seit dem Moment sind wir befreundet.

Ich hatte mir Adrienne älter vorgestellt und war fasziniert davon, dass sie so fremdländisch aussieht, fast wie eine Zigeunerin. Ich war überrascht von ihrer Beweglichkeit und ihrer Ausstrahlung. Das gefiel mir. Aber sie sagte: Das stimmt gar nicht. Ich errichte Nebenschauplätze. Ich habe Schmerzen in meinen Knochen und in meinem Kreuz. Das war prägnant am Anfang: Einerseits das Bild einer sehr beweglichen, selbstsicheren, fantasievollen Frau, andererseits das einer weinenden Frau, die von mir in den Arm genommen wird und die zu mir sagt: Das Lustige und das Theater, das sind meine Nebenschauplätze. Das ist nur ein Teil von mir. Den unsichtbaren Teil habe ich offenbar zuerst gesehen. Mit dieser verletzbaren Seite, die nicht so glamourös nach außen erscheint, bin ich sehr verbunden. Das zeichnet meine Beziehung zu ihr aus, dass ich sie nicht nur als die öffentliche Frau kenne. Ich habe in ihr Herz geschaut, als ich sie kennen lernte.

Was uns besonders verbindet, ist das Miteinander-Reden. Es gibt ein schönes Wort von Goethe, sinngemäß etwa so: Was ist wertvoller als die Liebe? Das Licht. Und was ist wertvoller als das Licht? Das Gespräch. Unsere Möglichkeit, miteinander zu sprechen, halte ich für unzerstörbar.

Manchmal kann sie meine Kritik absolut nicht annehmen, und dann sage ich es halt noch hundertfünfzigmal, aber dann ist es auch genug, dann soll sie machen, was sie will. Denn auch wenn sie einsieht, dass es unvernünftig ist, wie sie mit sich und manchmal auch mit anderen Menschen umgeht, befolgt sie meinen Rat nicht immer. Das ist dann ihre Entscheidung. Das meine ich mit freilassen.

Kurz nachdem wir uns kennengelernt hatten, kam sie zu mir und sagte: Was hältst du davon, wenn wir den Karneval nach Hamburg holen? Ich war begeistert. Ich bin eine Theaterfrau und hatte Anfang der 80er Jahre einen der ersten Karnevals in Venedig gesehen, seit dieser von Napoleon verboten worden war. Es war eine Inszenierung, die die ganze Stadt verwandelte. Es war ein Fest der Künstler, nichts Rheinländisches und auch nichts dunkel Alemannisches, es war Commedia dell'Arte pur. So etwas wollten wir machen. Wir haben ein großes Blatt Papier genommen, das Thema »Klabauternacht« darauf geschrieben, und die Ideen sprudelten. Adrienne sagte: Es müssen auch die türkischen Frauengruppen mitmachen. Und ich habe gesagt: Und das Thalia-Theater. Schon damals war sie keine Freundin der Institutionen, ich kam aber vom Staatstheater und war überzeugt: Die müssen dabei sein. Alle müssen mitmachen, und es ist uns auch gelungen, ganz verschiedene Künstler und Kulturgruppen mit einzubeziehen. Es ist ein tolles Stadtspektakel geworden und eine hinreißende Stadt-Performance. Das war 1986. Es waren 20000 Leute mit den wunderbarsten Masken unterwegs. Als wir vor das Rathaus kamen, hatten die Hexen gerade den Ratssaal besetzt und unsere seidene Klabauterfahne vom Balkon herunterhängen lassen. Wir selbst waren zwei Hexen. Sie war, glaube ich, grau, und ich war rot. Wir hatten einen Zug mit Masken, Musik und Theater vom Gänsemarkt durch die Innenstadt inszeniert, mit Cello-Konzert in der Nikolai-Ruine und in Barkassen bis zur Fischmarkthalle. Es war ein Riesenerlebnis. Wir hatten die Vision und die Kraft zu ihrer Umsetzung. Das hieß vor allem, andere Menschen anzustiften, mitzumachen. Geld hatten wir keines, aber es gelang uns, vielleicht gerade deswegen, andere Menschen zu begeistern und mitzureißen.

Wir ergänzen uns, obwohl oder weil wir uns gar nicht ähnlich sind. Adrienne ist mehr eine Leitwölfin. Ich eröffne Räume und lasse dann zu, dass sie gefüllt werden. Ich habe eine starke Vision, aber ich bitte sozusagen die Fantasie zu Gast. Das war auch immer mein Konzept für meine Inszenierungen im Theater – die gemeinsame Arbeit von verschiedenen Künstlern, Autoren, Schauspielern, Musikern und bildenden Künstlern an einem Thema. Ich sehe darin eine Utopie. Adrienne denkt in viel stärkerem Maße politisch. Es geht ihr um die gesellschaftliche Durchsetzbarkeit von Ideen, die sie zunächst als etwas Abstraktes sieht. Ich denke zunächst als Künstlerin vom Inhalt her. Es gab auch Konkurrenz zwischen uns. Wir waren beide leitende Figuren, aber mit sehr verschiedenen Qualitäten. Sie mit ihrer politischen Führungsqualität, ich mit meiner Fantasie, Themen zu suchen und Menschen darauf anzusprechen, ein Thema dramaturgisch zu konzipieren. Das ist wie Intendantin

und Regisseurin. Da gab es schon Reibungspunkte. Wir haben uns nicht gestritten, aber wenn man selbst eine starke Vorstellung davon hat, wie solch ein Projekt auszusehen hat, ist es nicht einfach an ihrer Seite.

Als Präsidentin der Hochschule für Bildende Künste ist Adrienne seit den letzten zwölf Jahren der Kunst und den Künstlern sehr nahe, darüber freue ich mich. Damals, als sie sich beworben hatte, war ich überrascht, aber dass sie das kann, wusste ich. Sie ist eine sensible Frau, die in sich auch eine Künstlerin trägt, die nur noch nie richtig zum Vorschein gekommen ist. Allerdings finde ich auch, dass sie selbst als Präsidentin der HfBK für diese Qualitäten zu wenig Spielraum hat. Deswegen finde ich es gut, dass sie jetzt mit diesem anstrengenden Job aufhört. Ich bin der Meinung, sie sollte in die Wüste gehen. Sie erzählt schon lange, dass sie das gerne machen möchte.

Adrienne gehört zu unserer Familie. Sie ist die Patentante meiner Tochter Ana. Sie hat uns bei der Adoption von Ana sehr verantwortungsvoll begleitet. Und jetzt spielt sie eine immer größere Rolle, je größer Ana wird. Ana wächst ein Stück von mir weg, und Adrienne ist eine ganz wichtige Frau in ihrem Leben. Das freut mich für mein Kind. Adrienne hat sich, trotz ihres vollen Terminkalenders, auch als Ana noch klein war, immer sehr um sie gekümmert. Ich lasse Adrienne in ihrem Hochschulalltag in Ruhe, ich habe selber viel um die Ohren mit Familie und meinem neuen Berufsanfang. Aber wir sehen uns möglichst einmal in der Woche.

Was mich an ihr stört? Vielleicht, dass sie manchmal ein bisschen herrisch ist, dass sie die Bestimmerin sein will. Ich hoffe, ich bin großzügiger oder nachlässiger. Vielleicht stimmt das aber auch nicht. Man sagt ja, das, was einen am anderen Menschen stört, ist ein Wesenszug, den man selber in sich trägt. Meine Schattenexistenz. Eine Beispiel: Wir planen, vor unserem Haus in Italien eine große Zypresse zu pflanzen. Eine, sagt Adrienne dann, das finde ich nicht gut! Das müssen zwei sein. Wenn wir denken, gerade eine wäre so schön, wie ein Zeiger, sagt sie: Nein, das müssen zwei sein! Da mischt sie sich bestimmend in unsere Vorstellungen ein. Das stört mich, und gleichzeitig liebe ich es auch, weil es zeigt, dass sie sich engagiert und mit uns lebt.

Ich glaube, es ist Schicksal, dass wir befreundet sind, ich kann es gar nicht anders sagen. Es ist schicksalhaft, dass wir uns begegnet sind, oder begegnen mussten. Wir ergänzen uns, weil wir sehr verschieden sind, und doch hat jede von der Anderen etwas in sich, und darum verstehen wir uns und interessieren uns füreinander. Das Wesentliche unserer Freundschaft ist, dass wir diese Verschiedenheit produktiv in einem Gespräch gestalten können. Es ist nie langweilig und auch nicht so, dass wir uns streiten oder missverstehen. Wir lassen uns gegenseitig Raum.

Bei all meinen Freundinnen spielt Erotik eine große Rolle; nicht im sexuellen Sinne, aber sie müssen mir gefallen, die Frauen, mit denen ich befreundet bin, müssen schön sein. Ich möchte sie gerne anschauen, auch berühren. Damit verbinde ich aber keinen konventionellen Schönheitsbegriff. Ich finde einen Menschen schön, wenn das Äußere Ausdruck einer inneren Haltung ist. Auch das Spielen mit Worten, Gedanken oder Phantasien, mit Wünschen muss auf einer Ebene so sein, dass es verbal und nonverbal stattfindet.

Manchmal reden Adrienne und ich darüber, dass wir zusammenziehen, wenn wir alt und allein sind. Neulich sagten meine Kinder, als ich beim Abendbrottisch schimpfte: Also, Mama, wir ziehen bald aus. Und

Julian sagte: Und den Papa und den Hund nehmen wir mit. Da meinte Adrienne sofort: Prima, dann ziehe ich hier ein. Ich habe gesagt: Das ist in Ordnung, ich koche dir auch was Schönes. Ja, daran denken wir manchmal: Wenn alle Stricke reißen, alles furchtbar ist, die Welt schlecht und wir niemanden mehr haben, die Kinder kümmern sich nicht und der Mann ist abgehauen, dann halten wir zusammen und ziehen nach Paris oder sonst irgendwohin. Scherzhaft. Aber im Ernst, wir denken schon, dass wir uns immer kennen werden.

Brigitte Leeser

Adrienne Goehler

Freundschaft heißt, einer anderen Person in den unterschiedlichsten Facetten begegnen. Freundschaft ist ihrem Wesen nach privat, versichernd, gibt Geborgenheit, auch Auseinandersetzung und Kritik.

Ich habe Brigitte bei einem Freund kennengelernt. Eines Abends, als ich gerade bei ihm war, kam ein Paar hereinspaziert. Eine sich einlassende Frau und ein etwas scheu umhergehender Mann. Der Mann ging bald schlafen. So ist das heute noch: Till verabschiedet sich irgendwann, und wir ratschen die Nächte durch. An diesem ersten Abend stellt sie viele Fragen: Wer bist du, was machst du – mit einem ungeheuer direkten Zugriff von ihr. Ich war damals gerade in einer Hochtrauerphase wegen einer Beziehung, aus der ich nicht ganz unschuldig herausgefallen war. Das war der erste Kontakt mit Brigitte. Sie war eine mir fremde Frau mit einer ungewöhnlichen Zugewandtheit. Sie war präsent, direkt und neugierig.

Im Grunde genommen war es gleich am ersten Abend genau so, wie es später immer war: Wir saßen an einem Tisch und quatschten, fragten, dachten. Ich war erstaunt über den Grad der Intensität, trotz der Fremdheit zwischen uns beiden. Sie wirkte auf mich älter, abgeschlossener. Ich war Studentin, in Unruhe, dabei, meine Diplomarbeit zu schreiben, während sie mehr mit dem literarischen Wort, der Malerei beschäftigt war – ich hatte das Gefühl, ich saß fest und sie flog. Ich war gefangen in einer Melancholie, da ist der Mensch nicht so sehr nach außen orientiert. So war es wohl im ersten Jahr vor allem Brigittes Initiative zu danken, wenn wir uns trafen. Sie lud mich ein: Komm doch mal auf einen Kaffee oder Tee vorbei.

In unserer Freundschaft gibt es zwei Meilensteine. Der eine ist die Geschichte der Adoption, für die ich mit Inbrunst gekämpft habe, weil ich die Form der

Selbstverletzung, der sich Brigitte aussetzte, ganz furchtbar fand. Und der zweite war, dass ich über die Beschäftigung mit Freud und Bloch und deren Einstellung zu Frauen, ich habe über deren geistige Phantasiekonzeptionen geschrieben, so zornig war, dass daraus zwei Projekte hervorgegangen sind: das eine war die Frauenfraktion, mit der die GAL, die Grün-Alternative-Liste, zwei Jahre später in die Bürgerschaft einzog. Das andere Projekt entstand dadurch, dass ich, als ich so viel über die Phantasieproduktion nachgedacht habe, auf den Karneval kam. Ich bin Schwarzwälderin und habe immer ein sehr angstvolles, zugleich neugieriges Verhältnis zu der alemannischen Fastnacht gehabt, die ja nichts mit den rheinischen Pappmachéfiguren zu tun hat, sondern etwas ungeheuer archaisch Anmutendes hat. Ich habe über Karneval geforscht und festgestellt, dass die Katholiken, im Unterschied zu den Protestanten, die eigene dunkle Seite, das, was sozusagen verbannt ist, schlau zu kanalisieren wussten, indem sie dem Volk gestatteten, diese dunkle Seite drei Tage im Jahr auszuleben. So entstand die Idee, den Karneval nach Hamburg zu holen. Ich fragte Brigitte, sie war begeistert, und wir haben sofort losgelegt. Wir haben diesem Karneval einen Hamburg gemäßen Namen verpasst »Die Klabauternacht«, und ein Motto: »Die Rückkehr des Verbannten und der Verbannten in die Stadt«. Dabei ging es sowohl um die Künstler Heine, Lessing, Bach und den Umgang dieser Hansestadt mit den Künstlern. Aber es war mir auch wichtig, die Arbeitslosen, die in der Nähe der Kanalisation dieser schönen Stadt Hamburg leben, einzubeziehen, und die fanden es toll, ihr spezielles Verbanntsein zum Thema für einen Karneval zu machen.

Ich denke, dass ich Brigitte nie so nahe gekommen wäre, wenn wir nicht dieses gemeinsame Projekt gehabt hätten, das am Anfang unserer Beziehung stand und wo wir über Dinge brüteten, die so gar nicht mit »dir und mir« zu tun haben, sondern ganz prosaisch: Wie kommt man an das Geld ran, wie kann man diese Vorschrift knacken, wie können wir bei X etwas herauslocken und Y zum Mitmachen bewegen? Das sind bestimmte Strukturen, die du durchschauen musst. Wir haben das völlig ohne Konkurrenz durchgezogen, beide hatten ihre Felder und auch unterschiedliche Fähigkeiten. Das war sehr schön.

Ich war immer die Politischere, die Dezidiertere auch. Es gehörte als Abgeordnete natürlich in mein Leben, dass ich zu bestimmten Sachen klar Position beziehen musste, wohingegen Brigitte eben aus dem sehr viel freieren Künstlerischen kam. Wir konnten uns aber auch sehr gut verstärken. Es gibt beide Möglichkeiten bei uns: Wir sind unterschiedlich und ergänzen uns dadurch und haben Gleiches und können uns darin bestärken. Das ist die Qualität der Beziehung. Brigitte ist sicherlich die Stabilere, sie ist das Zentrum, das Haus. Wie sie immer sagt: Der Krebs ist ein Sternzeichen, das eine Homebase braucht, eine Verlässlichkeit und Übersichtlichkeit. Ich war immer eher das unruhige, erschöpfte, sich verausgabende, hineinschneiende Wesen, was dann von ihr verarztet und aufgepäppelt wurde. Ihr Zuhause ist meine Familie. Wenn ich abends im Büro sitze und denke: Ach nein, ich will jetzt nicht mehr arbeiten und auch auf keine Ausstellung gehen, rufe ich sie an: Kann ich nicht bei euch zu Abend essen?

Ich mag ihre Ernsthaftigkeit, ihren Pragmatismus, mit dem sie meinen verqueren oder sich gegenseitig ins Spannungsverhältnis setzenden Gedanken begegnet – sie erdet mich. Gelegentlich sage ich allerdings: Ich bin nicht dein drittes Kind! Dann wird es mir zu eng, und ich muss ausbüchsen. Darauf reagiert sie ganz unterschiedlich. Es hängt immer ein bisschen davon ab, wie gut ich deutlich machen kann, weshalb ich meine Distanz brauche. Aber generell bin ich in alle Probleme der Familie einbezogen: Arbeit, Geld, in Projekte, in Kindererziehung, in Zahnspange für Ana, in ganz alltäglichen Kram.

Ich habe für Ana die Patenschaft übernommen, und es war mir von vornherein klar, dass das eine lebenslange Verantwortung ist. Patentante heißt im schlimmsten Fall: Du hast das Blag an der Backe. Ich wollte ja selber nie Kinder haben, weil ich viel zu ungeduldig bin, aber für Ana bin ich Anwältin, ein Beispiel: Alle Eltern wollen immer allen Kindern die Haare schneiden, und diesen Akt von Kastration muss die Patentante verhindern und sagen: Kommt nicht in die Tüte. Wenn das Kind lange Haare haben will, dann kann das Kind lange Haare haben.

Brigitte und ich telefonieren so zweimal die Woche, und wir sehen uns, wenn ich in Hamburg bin, einmal in der Woche mindestens. Ich bringe etwas vorbei oder hole etwas ab oder esse dort. Ich habe ein so unregelmäßiges Leben, und allzu häufig findet mein Essen beiläufig, also neben etwas Offiziellem statt – reden, kontaktieren, koordinieren, im Anschluss von irgendwas, vor irgendwas. Und da ist Brigitte die Homebase. Da finde ich Ruhe.

Es gibt einen ordentlich gedeckten Tisch, jeder hat seinen Platz, auch ich. Das ist so etwas Irdisches, Handfestes, was man wirklich greifen kann, Struktur.

Was tun wir miteinander? Reden, aber eben anders. Beim Essen sprechen, während der Vorbereitung des Essens Geschichten erzählen – mit Brigitte habe ich vor allen Dingen das Sitzen und Sprechen. Die Beziehung zwischen Brigitte und mir ist eine der Sprache, des Austausches über alles. Es geht über Kunst, um Filme, wir gehen viel zusammen ins Theater. Es geht um Menschen, um Konstellationen, auch mal um Politik. Die Beziehungen, die ich zu Frauen habe, würde ich allesamt als komplexer bezeichnen als die, die ich zu Männern habe. Ich kann mit Männern einen sehr intensiven Ausschnitt einer Realität verfolgen, aber dass man von »mir tut es hier weh« über »du siehst heute aber schlecht aus, mach mal was mit deinen Haaren« bis hin zur großen Politik und zur gesellschaftlichen Entwicklung, vom Kleinen zum Großen und zurück, völlig unhierarchisch die Themen besprechen kann, das habe ich nur mit Frauen. Für mich sind Frauen die vollständigeren Wesen, komplexer und polymorpher. Antizipieren, entwerfen, analysieren, reflektieren, das gehört alles dazu.

Wir sind uns durchaus gegenseitig Instanz. Es ist die ganz weitgehende wechselseitige Teilhabe der einen am Leben der anderen. Das, denke ich, ist ein roter Faden in unserer Beziehung. Es gab auch Phasen, in denen es ihr unglaublich schlecht ging. Da war ich dann die Kümmererin.

Wir fassen uns gerne an und wir mögen unsere körperliche Präsenz, aber diese Affinität lässt sich sehr wohl unterscheiden von Liebesbeziehungen. Trotzdem haben wir eine sehr zärtliche Beziehung, und das Arm-in-Arm-Gehen ist Ausdruck eines grundsätzlichen Gefühls des Miteinanderseins. Brigitte hat irgendwann den Terminus geprägt, dass wir Herzensfreundinnen sind, da habe ich gedacht: Ja, ich verstehe genau, was du meinst. Es ist eine krisenunabhängige Freundschaft. Ich weiß, oder wir wissen beide, dass wir uns immer kennen werden.

"MACIEIRA"
GITANES

1991

SARAH BOCHOW UND JIL LICHTENBERG

beide sechzehn

Schülerinnen

Freundschaft – ein gutes Thema. Es bedeutet auf jeden Fall sehr viel Vertrauen. Meiner besten Freundin muss ich echt gut vertrauen können, mit ihr Spaß haben können. Ich möchte, dass sie mir alles erzählen kann, sich auf mich verlassen kann, aber auch, dass ich mich auf sie verlassen kann, und dass sie weiß, dass ich immer für sie da bin.

Kennen gelernt haben Sarah und ich uns schon in der ersten Klasse. Ich bin erst im zweiten Halbjahr dazugekommen. Wir saßen nahe beieinander, aber wir konnten uns am Anfang gar nicht so richtig leiden. Ich fand Sarah ziemlich eingebildet und hochnäsig, obwohl ich gerade mit ihr unbedingt befreundet sein wollte. Na ja, mit der Zeit fragt man dann doch mal: Hast du mal einen Bleistift oder einen Radiergummi? Dann gab es Geburtstage, zu denen wir beide eingeladen waren. So haben wir uns ganz allmählich besser verstanden, haben auch nachmittags nach der Schule mal etwas miteinander gemacht.

So richtig dick befreundet, so wie jetzt, sind wir erst seit etwa zwei Jahren. Sie hatte vorher nämlich eine andere beste Freundin. Auf die war ich ziemlich eifersüchtig; Sarah kam immer nur zu mir, wenn die andere keine Zeit hatte. Das hat mich sehr traurig gemacht. Aber dann hat Sarahs beste Freundin ihr ihren damaligen Freund ausgespannt. Sarah war natürlich am Boden zerstört, und ich war die Einzige, die ihr geholfen hat. Es hat mir für sie sehr Leid getan, aber für mich war es natürlich nur gut, denn so kam es, dass wir immer mehr miteinander gemacht haben und unsere Freundschaft immer tiefer wurde, und jetzt sind wir beste Freundinnen.

Ich mag an ihr, dass sie sehr lustig ist. Wenn wir abends weggehen, haben wir immer viel Spaß miteinander, wir lachen ganz viel. Ich kann ihr alles erzählen, das ist mir sehr wichtig. Sie hat immer ein offenes Ohr für mich. Manchmal reden Sarah und ich totalen Schwachsinn und lispeln dabei. Sie heißt Lispeline und ich bin Lispel, und dann haben wir so einen Spaß. Wenn wir telefonieren, heißt es: Ich bin's, Lispeline. Der Ernst des Lebens, der ist noch gar nicht so wichtig. Wir möchten viel lieber in die Stadt gehen und Spaß miteinander haben. Wir haben fast den gleichen Klamottenstil, wir mögen beide die gleichen Sachen. Ich mag

so vieles an ihr, ihren ganzen Charakter. Sie ist ein bisschen zurückhaltend und, was Jungs betrifft, ziemlich schüchtern. Ich bin da ein bisschen offener. Wir können vertrauensvoll miteinander umgehen. Das ist sehr wichtig, und das ist das Wesentliche unserer Freundschaft. Sarah ist mir eine große Hilfe. Ich glaube, wenn ich sie nicht gehabt hätte, wäre mein Leben noch viel schwieriger für mich gewesen. Sie weiß alles von mir, sie kennt meine ganze Lebensgeschichte. Ich bin eifersüchtig, nicht auf sie persönlich, aber dass sie so ein wunderschönes Leben hat. Sie ist ja ein Einzelkind. Sie hat echt alles zu Hause und wunderbare Eltern, die sind supernett und tun so viel für sie. Mit ihren Eltern verstehe ich mich auch sehr gut. Wenn irgendwas hier bei mir zu Hause ist, kann ich immer zu ihnen kommen.
Mit Konflikten gehen wir unterschiedlich um: Ich rufe sie gleich an und spreche sie darauf an, aber sie meldet sich ein paar Tage nicht. Dann weiß ich schon, irgendetwas ist wieder. Und wenn ich dann anrufe, ist sie ganz schnippisch. Natürlich möchte sie den Konflikt auflösen, aber kann es mir nicht gleich so offen ins Gesicht sagen. Und dann kriegen wir es doch immer irgendwie hin. Ich wünsche mir, dass sie offener zu mir wäre, dass sie mir mal richtig ihre Meinung sagt. Das fände ich toll, wenn sie das machen würde. Kritik kann Sarah nicht so gut vertragen. Sie sagt dann zwar, dass alles in Ordnung ist, aber ich merke doch, dass sie ein bisschen eingemuckelt ist. Das ist eigentlich ganz niedlich an ihr.

Es gab mal eine Zeit, da habe ich sie vernachlässigt wegen eines Jungen, in den ich verliebt war. Mit der rosaroten Brille war ich blind. Erst später haben wir darüber gesprochen, und es hat mir sehr Leid getan. Mir ist klar geworden, dass wir beide bestimmt noch viele Freunde haben werden, aber unsere Freundschaft muss einfach bleiben. Meine beste Freundin – die würde ich nie mehr gegen irgendeinen Jungen eintauschen wollen.

Sarah Bochow

Jil Lichtenberg

Freundschaft heißt für mich, dass man jemanden hat, dem man vertrauen und dem man alles erzählen kann, der für einen da ist, wenn es einem schlecht geht, und mit dem man natürlich auch Spaß haben kann. Ich finde, man sollte eine richtig feste Freundin haben, der man alles anvertrauen kann, statt vielen Freundinnen alles zu erzählen.

Jil und ich kennen uns seit der ersten Klasse, also seit neun Jahren. Ich glaube, ich mochte sie zuerst nicht so richtig. Sie war bei den Jungs immer gleich so beliebt, und alle liefen hinter ihr her, weil sie so hübsch aussieht. Aber das war nur der erste Eindruck; als wir uns besser kennen lernten, entwickelte sich langsam eine lose Freundschaft zwischen uns. So richtig feste Freundinnen sind wir erst seit etwa eineinhalb Jahren, als ich meine beste Freundin dadurch verlor, dass sie der Meinung war, mir meinen damaligen Freund ausspannen zu müssen. Ich war total sauer, und es ging mir richtig schlecht. Da war Jil die Einzige, die für mich da war und mit der ich darüber sprechen konnte, und so ist die Freundschaft ganz eng geworden.

Letztes Jahr hatte Jil einen Freund, und da ist unsere Freundschaft ein bisschen auseinander gegangen. Sie hatte nur noch Augen für ihn, und ich habe mich irgendwie ausgenutzt und sehr alleine gefühlt. Aber als er Schluss gemacht hat, und es ihr schlecht ging, war ich natürlich für sie da. Jetzt hat sie seit einem halben Jahr einen neuen Freund, und alles hat sich total verändert, nachdem ich ihr gesagt habe, dass ich das nicht so prall fand, dass sie mich so vernachlässigt hatte. Jetzt machen wir auch öfter etwas zu dritt, also zusammen mit ihrem Freund.

Mit Jil, das ist keine oberflächliche Freundschaft, ich finde, das ist schon etwas Richtiges. Wir sprechen hauptsächlich über uns und auch über andere Leute. Ich versuche Jil zu helfen, weil sie es ja wirklich nicht so einfach zu Hause hat. In der Woche sehen wir uns nicht so oft, weil ich auf einer Ganztagsschule bin und dreimal die Woche bis Viertel vor vier Schule habe und viel lernen muss. Manchmal holt sie mich von der Schule ab, und dann gehen wir noch mal kurz zusammen in die Stadt. Zwischendurch telefonieren wir, regelmäßig sehen wir uns nur am Wochenende. Dann gehen wir in die Disco und haben Spaß.

Es gibt nichts, was mich an ihr stört. Sie hat eine offene Art, und ich bin nicht so ein Mensch, den es stört, wenn mir jemand die Meinung sagt. Wir haben auch keine Rivalität und hatten noch nie Streit wegen irgendjemandem, obwohl Jil superhübsch ist und viel Ausstrahlung hat. Im Gegenteil, ich mag sie gerne angucken und nehme sie mir so ein bisschen zum Vorbild, auch in Bezug auf Kleidung.
Wir sind so ziemlich auf einer Wellenlänge. Ich mag an ihr, dass ich mit ihr meinen Spaß haben kann, wenn wir am Wochenende zusammen weggehen, dass ich ihr alles erzählen kann, dass sie mich auch ernst nimmt, mir zuhört und dass sie immer für mich da ist, wenn es mir schlecht geht. Ich mag ihre offene Art und dass sie mir alles erzählt. Ich würde die Freundschaft niemals wegen eines Jungen aufgeben. Eine Freundin ist für mich wichtiger, weil ich denke, einen Jungen findet man an jeder Ecke, aber eine beste Freundin ist schon schwieriger zu bekommen.

2000

IRIS RADISCH UND BETTINA HELMI

einundvierzig und neunundreißig

Literaturkritikerin und Kostümbildnerin

Bettina Helmi

Freundschaft hat man mit einem Menschen, wenn man das Bedürfnis hat, sich mit ihm auszutauschen, für ihn da zu sein und über ihn nachzudenken.

Ich habe Iris etwa vor vier Jahren, 1997, in Hamburg im Café »Die Brücke« kennengelernt. Sie saß dort nachmittags in dem Caféhaus mit ihren Töchtern und las Zeitung. Ich saß schräg gegenüber mit meinem damals dreijährigen Sohn Oskar. Wir waren die einzigen Gäste und haben kein Wort miteinander gesprochen. Trotzdem war ich neugierig auf diese Frau. Es gab zwischen uns so etwas Ähnliches wie sprachloses Flirten. Am nächsten Tag war ich zufällig wieder dort, mit einem Bekannten. Wir waren in eine Diskussion vertieft, als Iris hereinkam, sich genau neben uns setzte und anfing, Zeitung zu lesen. Nach einer Weile knallte sie plötzlich die Zeitung auf den Tisch und sagte: Entschuldigung, ich kann leider nicht mehr weghören, es geht nicht mehr, ich finde es so spannend, worüber Sie sich unterhalten, darf ich mich beteiligen? Und so wurde übergangslos aus dem Dialog eine Debatte zu dritt. Geendet hat der Nachmittag mit einer spontanen Einladung von Iris, mit ihr am gleichen Abend ins Kino zu gehen. Da gefiel mir schon ihre offene Art, wohltuend unhanseatisch, lebendig, euphorisch. Obwohl aus dem Kinobesuch nichts wurde, waren wir von dem Tag an befreundet. Danach haben wir uns fast täglich gesehen und unheimlich viel miteinander geredet.

Mein erster Eindruck von Iris, bevor ich mit ihr gesprochen hatte, war, dass sie eine Person ist, die zerstreut durchs Leben geht, so ein bisschen aufgelöst, mit einer Wolke um sich herum, inmitten von Babygeschrei, Kindern, Zeitunglesen, Caféhausbesuchen. Übrigens lebten wir in sehr ähnlichen

Lebenssituationen, was zum Beispiel die nicht mehr vorhandene Beziehung zu den Vätern unserer Kinder betraf und dass wir sehr nah beieinander wohnten. Zu dieser Zeit mussten wir beide unser Leben neu gestalten, so etwas verbindet.
Wenn ich bei Iris bin, ist die Küche ständig in Betrieb. Es wird gekocht, Salat hergerichtet, Wein getrunken, nebenbei werden Telefonate erledigt. Bei ihr fühle ich mich immer sehr wohl. Ich liebe es einfach, Zeit mit ihr zu verbringen. Wenn ich ihr etwas erzähle, kann ich sicher sein, dass ich ihre ganze Aufmerksamkeit habe. Sie geht sehr sachlich, aber auch intim und herzlich mit dem Erzählten um. Ich habe immer das Gefühl, es ist gut aufgehoben bei ihr.

Ich verstehe es gar nicht, wenn uns die Leute für Schwestern halten, nur weil wir beide dunkle Haare haben und ungefähr gleich alt sind. Jedenfalls gibt es bei uns keine schwesterliche Rivalität. Dazu sind wir zu unterschiedlich, das heißt aber nicht, dass wir auf verschiedenen Planeten leben. Sie geht mit vielen Dingen im Leben anders um als ich, das ist für mich gerade das Spannende. Obwohl Iris der Literatur so eng verbunden ist, hat sie eine ganz pragmatische Ader. In den letzten Jahren haben Frauenfreundschaften bei mir mehr Raum gewonnen als in der Zeit vorher. Es ist bezeichnend für uns, dass wir bisher noch nie Konflikte hatten. Sie ist ein Mensch, der

mir Mut macht. Jedes Gespräch mit ihr öffnet ein weiteres Türchen der Erkenntnis über mich, und ich denke, auch über sie selbst, was sie zu einer mutigen Frau macht. Umgekehrt habe ich ihr zu dem dritten Kind Mut gemacht. Das finde ich wichtig in einer Freundschaft, dass man überlegt: Was würde ich machen, wenn ich in ihrer Situation wäre? Und ich finde es wichtig, sich voller Respekt in die andere einzufühlen und verantwortungsvoll den Grad der Beeinflussung zu steuern.
Langeweile gibt es bei uns nie. Wenn wir uns treffen, unternehmen wir ganz alltägliche Dinge mit und ohne Kinder, wie zum Beispiel essen gehen, spazieren gehen oder im Park liegen, Kino- und Theaterbesuche, Ausflüge, träumen, planen. Unsere Themen sind so vielfältig wie das Leben: Kinder, Beruf, das andere Geschlecht, Wohnen, Städte, Leid, Liebe, das Erlebte ... Unsere Freundschaft zeichnet sich dadurch aus, dass wir gut übereinander Bescheid wissen, ohne dass wir täglich Kontakt miteinander haben. Zumal wir jetzt auch keine Nachbarn mehr sind, sondern ich in Berlin lebe und Iris in Hamburg

Bettina Helmi

IRIS RADISCH

Iris Radisch

Freundschaft geht nicht so tief wie die Liebe, hält aber dafür meistens länger.

Bettina habe ich zum ersten Mal vor drei Jahren am Nachmittag in einer Hamburger Kneipe gesehen. Wir beide und unsere Kinder waren zu dieser Tageszeit fast die einzigen Gäste, und ich war sehr beeindruckt. Wie kommt eine so schöne Frau, eine Frau mit so viel Ausstrahlung nach Hamburg? Am liebsten hätte ich sie gleich angesprochen, aber sie packte ihr Handy und die Kekse, mit denen sie alle Kinder versorgt hatte, bald ein und fuhr mit ihrem Fahrrad nach Hause. Ein paar Tage später zur Mittagszeit trafen wir uns zufällig wieder in derselben Kneipe, diesmal ging es nicht anders: Ich musste sie kennen lernen. Ohne groß zu überlegen, bin ich einfach in das Gespräch geplatzt, das sie am Nachbartisch führte. Danach haben wir uns verabredet, natürlich wieder in derselben Kneipe, und sind sehr schnell Freundinnen geworden.

Als hätte ich es geahnt, stellte sich gleich heraus, dass wir vieles gemeinsam hatten. Wir lebten damals nicht nur bloß ein paar Schritte voneinander entfernt, waren ungefähr gleich alt, wir waren auch sonst in einer ähnlichen Lage: Wir zogen unsere kleinen Kinder beide alleine groß, sie ihren damals vierjährigen Oskar, ich meine zweijährige Tochter Mascha und mein neugeborenes Baby Tonka. So hatten wir natürlich viel miteinander zu bereden, über das Leben mit den Kindern, die treulosen Väter, die Sorgen des Alltags, das langsame Verheilen alter Verletzungen, die Arbeit, die Aupairmädchen, die Zukunft, das Theater, die Literatur und die besten Secondhandläden. Bettina und Oskar kamen häufig zu uns einfach zum Abendessen, und danach saßen wir noch mit einer Flasche Wein lange auf dem Balkon. Im Sommer haben wir mit den Kin-

dern Picknick im Park gemacht oder uns einfach mit einer Thermoskanne Kaffee auf dem Spielplatz verabredet. Und wenn dann jede abends in ihrer Wohnung allein war und die Kinder schliefen, haben wir oft sehr lange telefoniert.

Was ich an Bettina besonders mag, ist ihre große Intuition, ihr Mitgefühl und ihr wunderbarer Geschmack. Für mich hat sie etwas von einer verstoßenen Prinzessin. Ich bewundere, wie sie mit Oskar umgeht, ich beneide sie um ihre Ruhe, um eine Gelassenheit, die ich selber nicht habe. Dass Bettina beim Film, beim Theater arbeitet und ich meist am Schreibtisch bei der Zeitung, dass sie mit Materialien, mit Stoffen und Kleidern, ich mit Büchern und Buchstaben umgehe, stört mich überhaupt nicht. Im Gegenteil: Ich freue mich über diese Unterschiede, über ihre schöne Wohnung, ihre Art,

sich zu kleiden, und über ihr Talent, aus Kleinigkeiten ohne Aufhebens eine besondere Atmosphäre herzustellen. Ich lese im Zweifel doch immer lieber ein Buch, statt mich um all das zu kümmern. Umso mehr gefällt mir diese Liebe für die Dinge bei Bettina.

Natürlich habe ich auch noch andere Freundinnen, sie sind Journalistin, Verlegerin oder Schriftstellerin. Dennoch glaube ich, dass eine Freundschaft unter Frauen sich völlig verändert, wenn eine der Freundinnen Mutter wird und die andere keine Kinder hat. Durch Kinder verändert sich ein Frauenleben so sehr, dass man von Freunden ohne Kinder nicht mehr ganz und gar verstanden wird. Vielleicht sind die besten Frauenfreundschaften deswegen auch Mütterfreundschaften. Das bedeutet nicht, ewig über Kinder, Erziehung und wunde Popos zu reden. Bettina und ich haben das nie gemacht. Aber es gibt eine besondere Verbundenheit, einfach weil man ohne viel Worte weiß, was es bedeutet, kleine Kinder groß zu ziehen, für sie Verantwortung zu haben, jeden Morgen von einem Kind geweckt zu werden, jeden Abend an einem Kinderbett Geschichten zu erzählen.

So sind Bettina und ich uns nah und fern zugleich. Konflikte kann es zwischen uns schon deswegen nicht geben, weil wir uns gar nicht vergleichen. Mir gefällt an Bettina ja gerade, dass sie anders ist als ich und wir trotzdem so viel gemeinsam haben. In unserem öffentlichen Leben, in der Arbeit kennen wir uns nicht so gut. Bettina erzählt mir natürlich von den Filmen, an denen sie arbeitet, und sicher hat sie auch schon mal einen Artikel von mir gelesen oder das »Literarische Quartett« im Fernsehen gesehen. Aber das spielt für unsere Freundschaft nicht so eine große Rolle. Das gefällt mir gerade. In meinem Beruf gibt es so viele halbberufliche Freundschaften, in denen echte Freundschaft, Arbeit und Geklüngel nicht auseinanderzuhalten sind. Viele dieser Freunde würde man sicherlich mit seinem Job verlieren. Das würde mit Bettina nie passieren, denn unsere Freundschaft hat nur etwas mit uns, mit unserem Leben, – vielleicht passt hier das Wort – mit unserem Frauenleben zu tun.

1998

Edda Raspé und Hella Kemper

dreiundfünfzig und vierunddreißig

Goldschmiedin und Redakteurin

Hella Kemper

Ich verstehe unter Freundschaft einen lebendigen Austausch, basierend auf Vertrauen. Freundschaft bedeutet, dass sich zwei Menschen auf verschiedenen Ebenen finden. Freundschaft beinhaltet für mich, dass Nähe und Offenheit möglich sind und Entfernung überdauern zu können. Sie kann verschiedene Phasen von Nähe und Intensität, aber auch Distanz durchlaufen. Auf jeden Fall bedeutet Freundschaft, Zeit zusammen zu verbringen, Dinge gerne gemeinsam zu tun und an Gleichem oder Ähnlichem Freude zu haben. Freundschaft bedeutet, sich gegenseitig anzustoßen und anzuregen.

Edda und ich sind seit fünf Jahren befreundet. Ich war damals mit einem Freund auf Sylt, und wir haben uns in Eddas Goldschmiede Schmuck angesehen. Später bin ich noch einmal zu ihr gefahren, um sie alleine zu besuchen.

Sie hatte etwas in mir berührt, das wollte ich ihr zeigen, ich wollte sie näher kennen lernen, mehr von ihr wissen. Sie hat mich zum Tee eingeladen, wir haben uns hinters Haus gesetzt und uns unterhalten. Wir kamen von einem Thema zum nächsten, unser Gespräch spann sich immer weiter fort. Bei vielen Themen waren und sind wir einer Meinung. Wir saßen in ihrem schönen Garten auf der Bank und sprachen auch gleich über sehr Persönliches. Später bin ich abgereist, und mir war klar, dass ich ihr schreiben würde.

Ich wusste, dass Edda kurz nach unserer Begegnung in die USA fliegen würde, und ich schrieb ihr einen Brief, der bei ihr zu Hause geduldig auf sie warten würde, bis sie zurückkäme. Sie schickte mir fast gleichzeitig eine Karte, und seitdem schreiben wir uns regelmäßig. Manchmal ist es wie Tagebuch schreiben. Wenn ich anfange zu schreiben, mache ich eine Art Bestandsaufnahme: Wie fühle ich mich? In welcher Stimmung bin ich? Dann schreibe ich über Alltägliches, von Plänen oder Begegnungen, von Träumen, über alles, was mir gerade einfällt, was mich beschäftigt. Ich schreibe Edda drei- oder viermal die Woche. Unser Briefeschreiben war sicherlich sehr wesentlich für die

Freundschaftsfindung. Irgendwann gingen die Briefe hin und her, es begann ein Fließen, ein Austausch, ein schriftliches Gespräch, ein Dialog, bei dem die Antwort länger braucht, bis sie bei der anderen ankommt, dafür aber umso wertvoller ist.

Ich glaube, unsere geschriebenen Worte wiegen manchmal schwerer als wenn wir sie gesprochen hätten. Sie sind nachhaltiger, verbindlicher. Ich schicke oft Artikel mit, die ich geschrieben habe, oder Zeitungsausschnitte, die ich interessant finde. Edda malt oft kleine Bildchen oder Zeichnungen, die ihre Briefe und Umschläge zu kleinen Kunstwerken werden lassen. Manche von ihnen hänge ich auf.

Unser Tagesrhythmus und unsere Vorlieben sind ähnlich, das macht unser Zusammensein sehr leicht. Freude und Lebendigkeit sind für uns beide wesentlich. Edda und ich arbeiten gerne im Garten, wir kochen und essen gerne, wir haben gerne Menschen um uns, wir bewegen uns gerne, können stundenlang durch fremde Städte laufen, ohne müde zu werden, oder am Meer spazieren oder schwimmen gehen. Wir lesen beide sehr gerne. Manchmal lesen wir uns auch gegenseitig vor. Das begann damit, dass Edda in

ihrer Werkstatt zu tun hatte, ich aber lesen wollte. Um die Zeit gemeinsam verbringen zu können, habe ich angefangen, ihr vorzulesen. Manchmal liest sie auch mir vor, und so haben wir schon einige Bücher zusammen erlebt.

Unser Altersunterschied spielt keine Rolle. Sicher sind wir in zwei verschiedenen Lebensphasen. Edda hat zwei erwachsene Kinder, ich noch nicht. Sie hat schon Dinge erlebt, die ich erst noch erleben werde. Aber Edda ist – anders als viele meiner Altersgenossinnen – genauso unabhängig und flexibel wie ich, das gefällt mir. Sie ist so spontan wie ich. Sie hat etwas von der Abenteuerlust, die ich mag.

Ich mag an Edda, dass sie begeisterungsfähig ist, dass sie sich freuen und dass sie genießen kann. Sie tut alles mit sehr viel Nachhaltigkeit und reflektiert es. Wir mögen aneinander, dass wir Dinge intensiv und konzentriert erleben. In meinem unmittelbaren Alltag spielt Edda keine große Rolle. Aber ich denke oft: Was würde Edda dazu sagen, wie würde sie sich verhalten? Edda hat, wie ich, eine grundsätzlich positive Einstellung zum Leben, sie ist oft wie ein Spiegel für mich.

Konflikte haben wir selten. Wenn doch, dann sprechen wir sie direkt an und versuchen sie zu klären. Das geht gut mit Edda, sie ist sehr klar. Einmal hat sie mich gefragt, ob sie mich an etwas hindere. Natürlich will ich diese Frage schnell mit Nein beantworten. Aber wenn ich darüber nachdenke, verhindert sie sicherlich manches, gibt dafür aber auch Anstöße, macht manches erst möglich, ist für mich Bereicherung. Zum Beispiel habe ich viel von ihr übers Goldschmieden

gelernt, über Schmuck, Kunst und Kunsthandwerk. Ich lerne bei ihr auch viele praktische Dinge im Garten oder beim Kochen. Edda ist sehr pragmatisch und geschickt.

Ja, ich finde Edda auch erotisch. Das habe ich ihr früh signalisiert. Trotzdem spielt Erotik keine Rolle in unserer Freundschaft. Edda hat sehr schöne Hände und Füße, die ich gerne massiere. Das ist eine Form von Körperlichkeit, die sie gerne zulässt. Ich glaube, unsere Freundschaft wird noch lange andauern, sie wird sich vielleicht verändern, aber hoffentlich wesentlicher Bestandteil meines Lebens bleiben. Ich kann mir auch gut vorstellen, irgendwann einmal mit Edda zusammenzuleben, mit Kindern und anderen Menschen.

HELLA KEMPER

Edda Raspé

Freundschaft hat etwas mit Freundlichkeit zu tun, ganz viel mit Freude, mit einem Menschen mit Freude zusammen zu sein, und – ich würde viel für den anderen tun.

Hella und ich haben uns vor etwa fünf Jahren kennen gelernt. Sie kam mit ihrem Freund in meine Werkstatt, und der Freund hat etwas für sie gekauft. Ein Jahr später kamen sie wieder und haben wieder etwas angeschaut. Ich erinnere mich, dass ich ihr ein Stück gezeigt habe, das ich nicht in der Auslage hatte. Es war ein Stein, den ich wie ein Auge geschliffen und zu einem Anhänger verarbeitet hatte. Ich fand ihn selber sehr schön gelungen und hatte ihn deshalb zur Seite gelegt. Ich war ganz irritiert, weil sie ihn angefasst hat, als wäre er ein Heiligtum, ganz vorsichtig, ohne etwas zu sagen. Der Freund hat ihn dann gekauft. Später, als ich sie näher kennen lernte, habe ich sie gefragt: Warum hast du dich denn da so verhalten? Ich habe gar nicht gemerkt, ob du den Anhänger schön fandest. Und sie sagte, sie war so angerührt von diesem Stück, so wie noch nie, sie sei ganz unfähig gewesen, das zu zeigen. Sie ist dann einen Tag später wiedergekommen und hat mir einen kleinen Blumenstrauß gebracht und gefragt, ob ich Zeit habe, mit ihr einen Kaffee zu trinken, und ich hatte Zeit. Da hatte ich noch gar nicht wahrgenommen, dass sie so ein großes Interesse hatte, mit mir in Kontakt zu kommen. Es hat sich gleich gut angefühlt mit ihr, aber ich habe mir überhaupt nichts dabei gedacht. Für mich hat es sich langsam aufgebaut, während sie wohl wirklich zielstrebiger investiert hat. Sie ist immer zu mir gekommen, von Bielefeld hierher.

Sie war einfach da und hat meine anderen Freundinnen zur Seite gedrängt. Sehr bald haben wir gemerkt, wie viel Qualität in unserem Austausch liegt. Es war von Anfang an so viel Freude und Bewusstheit in unseren Gesprächen. Hella ist Journalistin und schreibt fürs Feuilleton, sie geht sehr viel ins Theater, liest viele Bücher. Das hat mich brennend interessiert. Ich finde es toll, was mir da durch unsere Freundschaft für eine Welt zugänglich wird. Weil Hella viel arbeitet, hat sie auch viel frei, und so können wir ganze Tage miteinander verbringen. Das finde ich inzwischen wunderbar.

Ganz viel von unserem Zusammensein ist tägliches, ganz normales Tun. Wir arbeiten gemeinsam im Garten, wir kochen zusammen, oder sie sitzt in der Werkstatt und liest mir etwas vor, wenn ich arbeiten muss. Ich begleite sie manchmal auch bei ihren Dingen: zur Buchmesse, zu Interviews oder zu Theateraufführungen, zu denen sie Rezensionen schreiben muss. Über alles tauschen wir uns aus. Wir lieben es, über unsere Eindrücke zu reden. Das ist etwas, was ganz speziell bei uns ist, es ist das Charakteristische unserer Freundschaft. Das, was ich jetzt bin, was ich erlebt und erfahren habe, das sehe ich so, wie einen Topf, oder vielleicht auch wie einen Komposthaufen. Alles ist zusammengekommen und hat diese Erde gemacht, oder das, was mich jetzt ausmacht, aus vielfältigsten Erfahrungen, Tätigkeiten und Dingen. Damit möchte ich jetzt leben und es voll nutzen. Und das kann ich seltsamerweise so gut mit Hella. Man würde ja denken, es müsste jemand sein, die das auch alles erlebt hat, oder die auch so alt ist wie ich. Ich bin immer wieder erstaunt, in welcher Weise sie alles erfassen kann und einfach nutzt. Sie ist genau wie ich, schnell und unkompliziert in ihren Entscheidungen. Wir könnten sagen, wir fahren in einer Stunde nach Paris, würden unsere Siebensachen zusammentun und losfahren. Oder wir fahren mit dem Fahrrad herum und wollen plötzlich im Meer schwimmen gehen, dann trocknen wir uns mit dem ab, was wir gerade dabeihaben. Wir finden immer irgendetwas, was besonders ist. Diese Wahrnehmungsmöglichkeit und spontane Flexibilität haben wir beide. Wir haben einfach eine große Wesensnähe.

Auch wenn Hella nicht da ist, ist sie in meinem täglichen Leben, weil ich manches mit ihren Augen betrachte oder weiß, was sie daran interessieren könnte. Das schreibe ich ihr dann, mindestens dreimal in der Woche. Es sind Beschreibungen des Alltäglichen, zum Beispiel, was gerade im Garten wächst und was zum Ernten reif ist. Es sind Briefe, die ganz schnell geschrieben werden. Ich schreibe los und denke beim Schreiben, oder ich sitze bei der Arbeit und denke: Das ist interessant, ich muss Hella sagen, was ich überlegt habe. Es ist ganz lebendiges Schreiben.

Ich empfinde unsere Freundschaft als wach, lebendig, sorgsam, aufmerksam, zugewandt, interessant. Früher habe ich mir vielleicht eher Menschen gesucht, die anders sind als ich, die fand ich spannender, polarisierter. Bei ihr merke ich den großen Schub, den man haben kann, wenn man mit jemandem zusammen ist, der das Gleiche schön findet, wie sich dann alles noch einmal verstärkt, tiefer, breiter und kraftvoller wird. Ich bin mir bewusst, dass ich älter bin, dass sie bestimmte Sachen noch unbedingt machen müsste in ihrem Leben, zum Beispiel Kinder kriegen. Ich möchte überhaupt nicht prägend, nicht einschränkend für sie sein.

Wir fühlen uns nicht als Rivalinnen, weil wir absolut die gleichen Eigenschaften haben. Das ist phänomenal. Wenn wir gemeinsam in die Öffentlichkeit gehen, fühlen wir uns superstark. Wir lachen, und wir freuen uns hinterher. Wenn wir eine Begegnung hatten, dröseln wir alles auf und freuen uns darüber, dass wir bemerkt haben, wie die andere auf das und das reagiert hat.

Unsere Freundschaft ist auch sinnlich, auf jeden Fall, aber ich empfinde gar keinen sexuellen Reiz. Komischerweise habe ich dabei kapiert, dass mich sexuell nur das Männliche anspricht, die männliche Haut, der männliche Körper. Beim Weiblichen fehlt die Konfrontation. Weil ich mit ihr keine Sexualität haben will, aber Sexualität mag, habe ich eben Männerfreunde. Natürlich verbringe ich auch Zeit mit ihnen. Aber eigentlich hätte ich viel mehr Lust, mehr Zeit mit Hella zu verbringen und weniger mit einem Mann – die Freundschaft mit Hella ist wichtiger. Unsere Freundschaft ist nie eine Behinderung, sondern immer Bereicherung gewesen. Ich bin unheimlich dankbar dafür.

1982

ANDREA SCHOELLER UND ALEXANDRA VON REHLINGEN

beide Anfang vierzig

Public Relations-Managerinnen

Freundschaft ist ein seltenes Gut heutzutage. Die meisten Verbindungen, die man um sich herum erlebt, sind eher geschäftlicher Natur. Aber Freundschaft ist sehr viel mehr, sie geht über kommerzielle Interessen weit hinaus.

Meine Freundin Andrea und ich haben 1986 zusammen eine PR-Agentur in München gegründet. Die Firma hat sich so gut entwickelt, dass wir inzwischen drei Agentursitze haben: Andrea leitet das Münchener Büro, weil sie auch in München lebt, und ich die in Hamburg und in Berlin. Sie hatte Kommunikationswissenschaften studiert und dann bei Willy Bogner als PR-Managerin gearbeitet. Ich habe Sinologie studiert, hatte also ein ganz anderes Interessengebiet. Kennen gelernt habe ich Andrea 1981 über Freunde in München.

Ich erinnere mich, dass ich sie als besonders gut ausschauend und offen, kommunikativ und selbstbewusst empfunden habe und dass sie mir gleich sehr sympathisch war. Das Lustige ist, dass wir uns über einen gemeinsamen Freund kennen gelernt haben, der aber eigentlich gar nicht wollte, dass wir uns anfreunden, weil er ein bisschen eifersüchtig war. Aber es war Fügung, es sollte so sein, dass wir uns begegnen. Über die Jahre hat sich unsere Beziehung immer mehr zu einer wirklichen Freundschaft entwickelt. Wir haben die gleiche Wellenlänge, auf deren Basis wir uns verstehen, ohne viel zu reden. Andrea hat einen besonderen Humor, den ich total gut verstehe. Wir können uns über Sachen totlachen, bei denen andere Leute überhaupt nicht wissen, was wir meinen. Ich schätze ihren Instinkt für das Machbare. Sie hat ein unheimlich gutes Gespür für Situationen und Menschen.

Unsere Freundschaft hat sich über die Agentur, dieses gemeinsame Baby, eher vertieft. Sonst ist es häufig umgekehrt, nämlich dass sich Freundschaften dadurch auseinander bewegen. Aber wir sitzen in einem Boot, haben dieselben Interessen und sind uns so ähnlich in allem, dass es wenig Reibungspunkte gibt. Ich hätte nie im Leben gedacht, dass ich so etwas wie eine PR-Agentur einmal machen würde. Die Geschichte der Gründung ist wirklich amüsant: Wir haben uns zu einem Abendessen getroffen, ich weiß noch genau, wo das war, im »Madrigal«, einem Restaurant in der Maximilianstraße. Ich war aus Hamburg zu Besuch in München, und wir haben darüber geredet, was man beruflich machen könnte. Andrea wollte sich unbedingt selbstständig machen. Sie meinte, Public Relations sei eine Branche mit Zukunftspotential, und ich habe gesagt: Ja, klingt toll, aber was macht man da eigentlich? Wir haben dann auf einer Papierserviette des Restaurants den Vertrag geschrieben: Wir werden jetzt eine PR-Agentur zusammen gründen, und wir werden Erfolg haben. So aus Gag haben wir das gemacht, aber das war tatsächlich der Gründungsakt. Kurze Zeit später, so Anfang 1986, haben wir wirklich die Chance bekommen, in einem großen Medienbüro eine Unit zu bilden und uns selbstständig zu machen.

Ich denke, das Charakteristischste unserer Freundschaft ist, dass wir uns sehr ähnlich sind. Wir doppeln uns sozusagen, das ist das Geheimnis unseres Erfolges. Wir machen uns gemeinsam da stärker, wo andere sich schwächen, weil sie neidisch und eifersüchtig aufeinander sind – und das sind wir überhaupt nicht. Wir telefonieren jeden Tag dreimal, es gibt zwar immer einen beruflichen Aufhänger, hat aber immer auch eine private Komponente. Bei Konflikten sind wir froh, dass wir uns gegenseitig haben, weil wir uns genau dann wunderbar helfen können. Mit niemandem sonst kann ich mich so austauschen, und mit niemandem kann ich so gut überlegen, wie man vorgeht, wie man sich schützt oder wie man aktiv wird, wie mit Andrea.

Neid und Eifersucht sind Vokabeln, die wir Gott sei Dank nicht in unserem Wortschatz haben. Das ist auch ein Geheimnis dieser langen Freundschaft. Neid ist eine besonders widerwärtige Eigenschaft, die in Deutschland stark ausgeprägt ist. Das haben wir mit wachsendem Erfolg leider erfahren müssen. Wenn wir privat irgendein Problem haben, etwa mit der Kindererziehung, wir haben ja beide Kinder, sind wir gegenseitig die ersten, die davon erfahren, und dann versuchen wir, uns zu helfen. Mit unseren Männern haben wir Glück, weil es wahrscheinlich nicht viele Männer gibt, die so hart arbeitende Frauen tolerieren. Aber sie unterstützen uns sehr. Andrea und ich sind häufig beruflich auf Reisen, zum Beispiel in Mailand drei-, viermal im Jahr, wir betreuen ja eine Menge Mode-Etats. Dann haben wir wahnsinnig viel zu tun und sind im Stress, aber es gibt immer auch Momente, wo wir irgendwo genüsslich ein paar Spaghetti essen gehen und einfach mal richtig ratschen.

Gemeinsam sind wir unschlagbar. Es kann vorkommen, dass wir zu einem Termin vollkommen gleich angezogen erscheinen, weil wir so ähnlich denken und uns auf den Kunden einstellen. Aber es kommt auch vor, dass ich irgendetwas trage, was Andrea ganz schrecklich findet, dann sagt sie das: Also, diese Farbe geht gar nicht.
Das gibt es auch, dass wir uns mal kritisieren und ehrlich miteinander sind. Aber eigentlich haben wir den gleichen Geschmack. Uns ist zum Beispiel so eine Geschichte passiert: Zu Weihnachten hatten wir uns beide ein Armband gekauft. Kurz nach Weihnachten sitzen wir dann im Taxi, irgendwo auf dem Weg zu einer Schau von Armani, und da hat die Andrea mein Armband an. Wir haben denselben Juwelier, der immer alles repariert, und ich sage zu Andrea: Wieso hat dir Herr Häusle eigentlich mein Armband gegeben? Und da sagt sie: Wieso dein Armband? Das ist mein Armband. Wir haben dann festgestellt, dass wir uns das gleiche Armband gekauft hatten. Sie hatte sich genau das Armband anfertigen lassen, das ich – in alt – ersteigert hatte. Unglaublich! Vielleicht hat unsere Ähnlichkeit auch etwas mit unserer Geschichte zu tun. Andrea und ich sind beide Einzelkinder, haben beide eine extrem starke Großmutter gehabt, bei der wir mehr oder weniger aufgewachsen sind. Beide Eltern sind geschieden worden, als wir vier waren. Unser Geburtstagsdatum liegt auch nur drei Tage auseinander, ich bin am 1. Mai und Andrea ist am 3. Mai geboren. Wir sind beide Stiere. Ein Astrologe würde sagen, wir kennen uns schon seit vielen Leben.

Alexandra von Rehlingen

ANDREA SCHOELLER

Freundschaft beinhaltet, dass man sich hundertprozentig auf jemanden verlassen kann, dass man ihn oder sie in seine Privatsphäre hineinlässt. Es gibt das äußere Leben, besonders in unserem Beruf, und das innere, wo auch die Seele verwurzelt ist. Und dahinein lässt man nur wenige wirklich gute Freunde.

Ich habe Alexandra Anfang der achtziger Jahre durch einen gemeinsamen Freund kennen gelernt. Er hat uns einander vorgestellt, und mir war vom ersten Moment an klar: Das ist es! Die Frau liegt auf meiner Wellenlänge. Wir haben sofort entdeckt, dass wir den gleichen Sinn für Humor und die gleiche Lebensanschauung haben.

Wir haben uns dann häufiger getroffen, haben immer mehr Gemeinsamkeiten herausgefunden und festgestellt, dass wir super zusammenpassen, eigentlich wie Zwillinge. Alexandra ist am 1. Mai und ich bin am 3. Mai geboren. Wir sind beide Einzelkinder und bei unseren Großmüttern aufgewachsen. Unser beider Eltern sind geschieden, und wir haben ähnlich strukturierte Mütter, sind aber beide eher nach unseren Großmüttern geraten: willensstark, liebenswürdig, anpackend, dynamisch. Sie waren unsere Vorbilder.

Bis heute bestätigt sich unsere Freundschaft jeden Tag aufs Neue. Ich mag Alexandras Humor, ihre Ehrlichkeit, ihre Offenheit und die Freundschaft, die sie mir entgegen bringt. Ich habe in München studiert und dann die PR-Abteilung bei Willy Bogner geleitet. Nach drei Jahren wollte ich mich selbstständig machen, aber nicht so gerne alleine. Alexandra und ich waren damals schon fünf Jahre befreundet, und ich habe gedacht, die Freundschaft mit ihr könnte man auch ins Berufliche ausdehnen. Sie hatte sehr gute Kontakte zu Wirtschaft, Politik und auch im Social-Bereich, und durch meine Arbeit hatte ich die Pressekontakte. Zuerst hatten wir eine Bürogemeinschaft mit einem Verlag, hatten da unser erstes kleines Büro mit einer Reiseschreibmaschine und einem grünen Telefon und waren sehr aufgeregt. Wir waren von Anfang an erfolgreich und, ausgelöst durch Reemtsma, eröffneten nach zwei Jahren das Hamburger Büro, das Alexandra übernahm.

Obwohl es uns schwer gefallen ist, uns zu trennen, wollten wir die Chance nutzen. Das war ein großer Einschnitt, und wir waren auch nicht ganz sicher, ob es wirklich gut ist, aber es hat sich als äußerst positiv herausgestellt. Am Anfang war Alexandra noch mit Justus Frantz verheiratet, sie lebte ein ganz anderes Leben in diesen Künstlerkreisen und ging darin vollkommen auf. Als ich 1984 geheiratet habe, war Alexandra meine Trauzeugin. Später, als sie schon in Hamburg war, kam Matthias Prinz dazu. Ich war auch dabei, als sie ihn kennen lernte, und habe sofort gesehen: Das ist der Richtige. Unsere Männer sind auch miteinander befreundet. Sie sind beide sportliche und aktive Männer mit viel Humor. Keiner von beiden ist eifersüchtig auf die Freundschaft zwischen Alexandra und mir. Sie verstehen, was die Freundschaft für uns bedeutet, und sehen das Positive, diese Energie, die daraus entsteht.

Wir haben natürlich auch Auseinandersetzungen. Aber es geht immer nur um die Sache. Wir stellen unsere Freundschaft nie in Frage, das kann ich wirklich blind sagen. Ich weiß, ich werde nie von Alexandra enttäuscht werden. Sie ist wie mein Zwilling. Es war wirklich Glück, sich zu finden, sich so anzufreunden und auch noch so gut zusammen arbeiten zu können. Wir haben eine Leichtigkeit, die nicht oberflächlich ist. Das ist unser Geheimnis und unsere Stärke. Wir kennen uns so gut und lachen im gleichen Moment. Wir haben so viel zusammen erlebt. Ich weiß genau, was und wie Alexandra denkt, und umgekehrt auch. Wir müssen nicht jeden Tag neu herausfinden, wie die andere gelaunt ist, sondern wir können gleich loslegen und uns hundertprozentig auf die andere verlassen. Alexandra ist ein Tagmensch, ich bin ein Nachtmensch. Sie hat viel mehr Disziplin als ich, aber ich bin hartnäckiger. Das ist eine gute Mischung. Wir wissen, wenn die eine mal schwach ist, springt die andere ein.

Mich stört wenig an ihr. Alexandra hat einen Ordnungsfimmel, und sie ist eine extreme Vegetarierin. Eigentlich bewundere ich sie, weil sie das wirklich mit Überzeugung rüberbringt. Sie stellt die Leute zur Rede und macht vor niemandem halt. Auch Giorgio Armani wird zurechtgewiesen, wenn er falsches Essen serviert. Aber das ist die Alex. Ich bin viel undisziplinierter, eher ein Genussmensch. Privates und Beruf trennen wir nicht. Beides fließt ineinander, weil wir unseren Job nicht als Belastung ansehen. Er bringt zwar viel Stress mit sich, aber positiven.

Zwischen Alexandra und mir gibt es keine berufliche Rivalität. Unser persönliches Verständnis ist nicht durch den Beruf definiert. Aber wir haben Neid von außen kennen gelernt. Als wir mit unserer Agentur anfingen, haben die Leute gedacht: Das sind zwei Hausfrauen, die sich selbstständig machen. Da haben wir gesagt: Lass sie schwätzen, denen zeigen wir es schon. Mit den Jahren kam dieser unglaubliche Erfolg und mit ihm eben viele Neider. Aber gemeinsam sind wir unangreifbarer als allein. Einzeln sind wir ganz sensible Pflänzchen. Sicher gibt es viele Leute, die uns gerne fallen sehen würden, aber den Gefallen tun wir ihnen nicht. Unsere Mischung aus Professionalität und Privatem ist unschlagbar.

1991

Ulrike Schlager und Regina Loreth

beide neununddreißig

Sozialarbeiterin und Landwirtin

Freundschaft habe ich mit Menschen, mit denen mich ein Gefühl von Zuneigung verbindet, die ich an meinem Leben teilhaben lassen möchte und zu denen ich Vertrauen entwickelt habe.

Regina habe ich 1991 kennen gelernt, also vor zehn Jahren. Ich wollte im Sommer mit Görge, mit dem ich damals noch nicht zusammen war, in der Schweiz auf die Alp gehen, und wir haben jemanden gesucht, der mit uns kommt. Eine andere Freundin hat uns Regina vermittelt.

Regina und ich haben uns getroffen, und für mich war sofort klar: Eine tolle Frau, sie wird eine Bereicherung für mein Leben sein. Wir haben gleich die halbe Nacht miteinander geredet und gemerkt, dass wir vieles ähnlich empfinden. Danach hatten wir beide ganz arg Lust auf die gemeinsame Arbeit. Man geht auf die Alp, weil man die Arbeit liebt und weil man dieses besondere Leben in den Bergen leben möchte. Die Einsamkeit gehört auch dazu, aber primär geht es um das Leben in der Natur und um die Erfahrung, auf ganz engem Raum in einer großen Abhängigkeit voneinander zu arbeiten und zu wissen, dass es keine Möglichkeit gibt, zu gehen. Auf der Alp haben wir zu dritt gearbeitet, außer Regina war Görge dabei, und durch dieses enge Zusammenarbeiten wurden mir Regina und Görge ganz wichtige Menschen. Regina und ich haben wahnsinnig viel zusammen gelacht, wir hatten viel Besuch von ihren Freundinnen und von meinen Freundinnen, und das Thema Frau-Sein, als Frau empfinden, war für mich in dem Sommer ganz zentral. Mit Regina gab es eine emotionale Verbundenheit, ein Freundinnengefühl. Mein Grundgefühl war eine große Zuneigung.

Ich entdeckte eine Seelenverwandtschaft, die allerdings auch Bereiche des eigenen Wesens betraf, die ich nicht so gerne wahrhaben wollte. Beide reagierten wir auf Betroffenheit mit Rückzug, auf Zorn mit Beleidigtsein, und es dauerte lange, bis wir darüber reden konnten. Außerdem verliebten Görge und ich uns ineinander, und damit

entstanden für mich, die ich ein enormes Harmoniebedürfnis habe, viele Schwierigkeiten. Ich empfand eine große Zerrissenheit, weil ich mich zu beiden stark hingezogen fühlte und ständig das Gefühl hatte, niemandem richtig gerecht zu werden.
Durch dieses enge Zusammenarbeiten entstanden Spannungen und Konflikte, und es gab keine Ausweichmöglichkeiten. Zum Beispiel bin ich morgens einfach gut drauf. Ich wache auf und finde es schön, dass der Tag anfängt. Regina ist da eher zurückhaltend, und solche Sachen können sich dann hochschaukeln. Nach diesem ersten Alpsommer haben wir uns nur ab und an gesehen, aber unsere Freundschaft bestand. Diese gemeinsame Erfahrung war prägend und intensiv und hat uns zusammengeschweißt. In dieser Zeit ist ein Freundschaftsfundament entstanden, und es ist egal, ob wir uns zehnmal im Jahr sehen oder nur dreimal sehen. Mein Verhältnis mit Görge hatte keine Auswirkungen auf meine freundschaftlichen Gefühle für Regina. Meine Freundinnen waren mir immer sehr wichtig. Ich würde nicht sagen: Ich lasse den Mann für die Freundin sitzen – oder umgekehrt. Das wäre auch kein Mann für mich, der so etwas

fordert. Ich denke nicht, dass meine oder Reginas Ehe Auswirkungen auf unsere Freundschaft hatte. Natürlich verlagern sich im Alltag die Prioritäten, das ist klar. Aber das Gefühl und die Bereitschaft, für die andere da zu sein, haben sich bis heute nicht verändert.

Regina und ich haben heute weniger Konfliktherde, weil unser Alltag kein gemeinsamer mehr ist. Früher hatten wir ganz wüste Zeiten, in denen wir uns böse angeschrien haben. Zwischen uns gab es alle Formen der Auseinandersetzung – vom Anbrüllen bis zum Reden, ohne einen Konsens zu finden –, aber irgendwann haben wir immer den Bogen gekriegt und gewusst: Das ist deine Freundin, lass sie, wie sie ist, nimm sie an, auch ohne zu verstehen.

Es gab zwischen uns auch Rivalität. Besonders, weil Regina eine landwirtschaftliche Ausbildung hatte und ich nicht. Wenn sie sich mit Görge stundenlang über Landwirtschaft unterhalten konnte, war ich schrecklich neidisch und habe mich ganz minderwertig gefühlt. Heute ist es anders, ich habe meinen Lebensweg gefunden und bin zufrieden in mir. Darum finde ich wunderbar, was Regina und Stefan sich aufgebaut haben.

Es ist nach wie vor für mich eine Bereicherung, dass Regina zu meinen Freundinnen zählt. Dadurch, dass sie jetzt hier hoch gezogen ist und ich unten geblieben bin, sehen wir uns relativ selten, aber ich habe nie das Gefühl, dass es anstrengend ist, wenn wir uns lange nicht gesehen haben; ich komme immer gerne. Ich weiß, ich kann hier eine Woche oder zwei Stunden bleiben, es ist immer in Ordnung. Und wenn Regina bei uns in Heitersheim ist, können wir die halbe Nacht verquasseln. Wir erzählen über uns selber, das ist mir immer wichtig, auch, wie es ihr mit Stefan und den Kindern geht, und ich möchte ihr mitteilen, wie es in mir aussieht und wie es mir mit dem Görge geht. Das Frauenthema hat immer noch eine wichtige Bedeutung, allerdings eine ganz andere als damals, als wir zwanzig waren. Es geht nicht mehr so sehr um Emanzipation, sondern um mein Wesen als Frau, und da ist mir die Frau näher als der Mann.

Was mag ich besonders an ihr? Ich mag ihr fröhliches, lebensbejahendes Wesen, ihre große Power. Ich finde, sie ist eine schöne Frau, und ich schaue sie gerne an. Wir haben den gleichen Humor und können uns über vieles gemeinsam lustig machen. Auf unseren Wanderungen haben wir Gleiches empfunden, und was die eine nicht konnte, das konnte die andere. Damals, im ersten Sommer, spürte ich eine gewisse Erotik. Ich hatte Lust, sie mehr zu berühren, sie zu umarmen oder aneinander gekuschelt zu sitzen. Wir haben tiefes Vertrauen zueinander. Dieses Fundament, das damals, als wir Ende zwanzig waren, entstanden ist, ist das Besondere an unserer Freundschaft, und es ist spannend, zu erleben, was sich zwischen uns und auch bei jeder einzelnen von uns noch entwickelt. Ich bin sicher, Regina und ich werden zusammen alt.

Ulrike Schlager

REGINA·LORETH

Regina Loreth

Freundschaft bedeutet, dass man eine Verbindung zu jemandem hat, der einen ein Stück weit auf dem eigenen Lebensweg begleitet. Man kann phasenweise verbunden oder getrennt sein, aber es gibt eine Kontinuität. Man tauscht sich aus und ist in bestimmten Situationen füreinander da. Freundschaft muss sich eine Weile beweisen; sie muss etwas Bleibendes haben und sie muss tragfähig sein.

Ule und ich haben uns 1991 kennen gelernt, bevor wir gemeinsam auf die Alp gegangen sind. Ich habe gleich empfunden, dass sie ein sehr freundlicher, offener, unkomplizierter Mensch ist, mit dem man sehr schnell und leicht in Kontakt kommt.

Durch unsere gemeinsame Arbeit auf der Alp, wo wir uns auf Gedeih und Verderb ausgeliefert waren, sind wir uns schnell näher gekommen. Es gab viele ähnliche Interessen, wir kamen aus den gleichen Kreisen, waren beide frauenbewegt, und wir waren uns einfach sympathisch. Unsere Arbeit hat allerdings nicht immer so leicht funktioniert. Ich war die Sennerin, die Käserin, und ich hatte die Kenntnisse und die Erfahrung. Ule musste das erst lernen, und es war manchmal ziemlich schwierig, damit umzugehen. Einerseits hatte ich so eine Art Chef-Rolle, ich war die, die Ule einweisen sollte und die nachher verantwortlich war, andererseits wollten wir aber ein gleichberechtigtes Arbeiten, ohne Hierarchie. Das Leben und die Arbeit auf der Alp sind natürlich von den äußeren Bedingungen her so, dass man sich sehr nahe ist und alle Seiten vom anderen mitkriegt, und das wahrscheinlich sehr viel konzentrierter, als wenn man sich im Alltag kennen lernt und sich langsam annähert. Wir haben vieles gefunden, was uns verbindet, und durch das intensive gemeinsame Erleben ist eine tragfähige Basis entstanden.

Ich mag ihre herzliche, offene Art. Sie ist sehr ehrlich und sagt, wenn für sie etwas nicht in Ordnung ist. Sie hat fast immer gute Laune, und sie ist zupackend und tatkräftig mit einer positiven Energie und Stimmung. Sie verbreitet einfach Lebensfreude.

Einerseits ist es natürlich schön, wenn jemand so gut gelaunt ist, kann aber manchmal morgens um fünf Uhr, wenn man selber nicht so daran teilnehmen kann, etwas störend sein. Es gibt eben Momente, in denen mir das zuviel ist, und dann ist es schwierig, sich daneben zu behaupten. Vielleicht haben genau die Sachen, die ich positiv finde, immer auch eine andere Seite.

Im Moment gibt es nicht viel Alltag, den Ule und ich miteinander teilen. Wir sehen uns immer mal wieder, und es ist für uns auch wichtig, die Beziehung zu pflegen. Ich bin jemand, der nicht gerne telefoniert, und ich merke, dass für mich dieses gemeinsame Arbeiten eine ganz wichtige Basis ist. Insofern haben wir gerade jetzt eher wenig miteinander zu tun, aber ich weiß, dass wenn wir zum Beispiel wieder gemeinsam auf der Alp sind, wieder etwas ganz Enges zusammen funktioniert. Wenn es jetzt anders ist, dann ist es halt so. Unsere Freundschaft ist zu einer Zeit entstanden, als Freundschaft für uns noch eine größere Bedeutung hatte. Wir waren zu der Zeit Einzelfrauen und haben beide im gleichen Jahr einen Partner gefunden. Es

verbindet, wenn man Lebensschritte parallel oder miteinander macht. Als die Kinder auf die Welt kamen, haben wir auch noch näher beieinander gewohnt, sodass viel gemeinsam möglich war, das hat uns natürlich noch enger verbunden.

Jetzt lebe ich als Familie und bin mit Leuten befreundet, die auch in Familien leben. Dieses wirklich intensive Einzelfreundinnenleben verbinde ich mehr mit der Zeit vorher, denn Freundschaften, die jetzt entstehen, haben nicht mehr die gleiche Intensität. Das hat sicher damit zu tun, dass man sich emotional mehr darauf einlässt, wenn man alleine ist, während jetzt mit Mann und Kindern andere Prioritäten gelten und – ganz pragmatisch gesehen – Familie und Hof an erster Stelle stehen.

Konkurrenzgefühle habe ich manchmal im Zusammenhang mit dem Arbeitsthema. Als Ule und ich uns kennen gelernt haben, war ich die Käserin. Später bin ich nicht mehr auf der Alp gewesen, und Ule hat sich zur Käserin entwickelt. Da war ich manchmal schon ein bisschen neidisch. Wir versuchen, über Konflikte zu reden, aber es lässt sich trotzdem nicht alles aus der Welt schaffen. Ich denke, was eine Freundschaft ausmacht, ist das Wissen, dass man sich nicht absichtlich verletzen will, und wenn es manchmal passiert, versucht man, es so gut wie möglich wieder zu klären. Ich habe das Gefühl, dass es mit Freundinnen eine ganz andere Ebene gibt, die ich gar nicht gerne mit meinem Mann bespreche. Zwischen Ule und mir existiert dieses von Frau zu Frau.

Natürlich halten wir uns auf dem Laufenden, wir erzählen uns, was gerade passiert und was es für eine Bedeutung hat. Uns verbindet auch diese landwirtschaftliche Seite, was vielleicht das Besondere unserer Freundschaft ausmacht. Ule ist für mich eine ganz wichtige Freundin. Bei ihr habe ich das Gefühl, dass ich auf sie zählen kann, wenn etwas ist, und ich weiß, sie wäre für mich da, wenn es mir schlecht ginge oder wenn ich sie bräuchte.

Eva Mattes und Irmgard Schleier

sechsundvierzig und sechsundfünfzig

Schauspielerin und Musikerin / Kulturmanagerin

Für mich bedeutet Freundschaft, einen Menschen zu haben, dem ich alles anvertrauen kann, von dem ich weiß, dass er mir hilft, wenn ich in Not bin. Wenn es eine gute Freundschaft ist, hält sie ein Leben lang.

Evas und meine Freundschaft hat eine lange Geschichte. Heute sind wir uns nahe, aber 1972, als wir uns kennen lernten, waren wir Welten auseinander. Ich lebte damals in einer Übergangsphase. Ich bin in der Nachkriegszeit in Hamburg aufgewachsen, zwischen Trümmern und neu entstehenden Hütten und Palästen, in einer Zeit des produktiven Chaos. Ich versuchte, mich an den Künsten zu orientieren. Für meinen frühen Berufswunsch – Dirigentin und Regisseurin – waren damals für Frauen keine Aufnahmeprüfungen vorgesehen. Ich studierte also Musik mit dem Hauptfach Klavier an der Hamburger Musikhochschule – und habe dann später trotzdem dirigiert, auch an der Hamburger Staatsoper auf Einladung von Rolf Liebermann. In den späten 1960ern und frühen 70ern, als ich auch Eva kennenlernte, machte ich ein Zweitstudium in Sozialwissenschaften, Musik- und Literaturwissenschaften. Ich verschrieb mich interdisziplinären Forschungsprojekten und arbeitete zu der Zeit, ich war sechsundzwanzig, an meiner Promotion. Gleichzeitig musste ich Geld verdienen, so übernahm ich Lehraufträge an Hamburger Hochschulen. Natürlich war ich auch in der Studentenbewegung aktiv. Ich hatte gerade versucht, mit einem Mann zusammenzuleben, was überhaupt nicht funktioniert hatte. Da die gemeinsame Wohnung für mich alleine zu groß war, musste ich vermieten. Meine Mieter waren eine lustige Mischung, nur – sie lenkten mich von meiner Arbeit ab.

Ich kam gerade zurück von einer Arbeitsreise und dachte: Nun geht es los mit dem ruhigen Schreiben, komme in die Küche, und da sitzt wieder jemand, ein wildfremdes Wesen mit einem ganz erstaunlich roten Koffer und einem knallgelben Kleid: Eva. Ich war genervt, sie haspelte unzählige Entschuldigungen herunter, und – dann tat sie mir Leid. Ich hatte damals folgenden Tagesablauf: Ich korrepetierte und unterrichtete an der Uni, danach schrieb ich an meiner Promotion und abends ging ich auf den Kiez. Ich nahm Eva gleich am ersten Abend mit, und dafür verwandelte sie sich: Sie zog dieses sagenhafte Kofferkleid aus, die Wimpern wurden aufgetuscht, von denen schon eine Zarah Leander gesagt hatte, welchen schönen Schwung sie hätten. Sie verwandelte sich von einem kleinen dicken Mädchen in einen wunderschönen Abendvogel, und wir flogen aus und hatten einen unglaublich lustigen Abend.

Danach entstand, was Freundschaft ausmacht. Ich war ziemlich selbstbewusst, aber auch sehr liebebedürftig, was niemand merken sollte. Es war also schön, zu zweit nach Hause zu kommen, wir saßen nächtens noch in unserer Wohnküche, kakelten die gelungenen und nicht gelungenen Aufrisse des Abends durch, und dann flatterte Eva in ihr Gemach, und ich schlüpfte in mein Bett. Ich fand es ganz erstaunlich, dass so ein Wesen in einem meiner Götterpaläste, im Theater auftreten durfte, im Alltag jedoch überhaupt nicht zurecht kam. Alles war ein riesiges Drama: Sie fand sich zu dick, aß heimlich und regelmäßig den Eisschrank leer, fand die Straßenbahn nicht ... Mir war das sehr fremd, vor allen Dingen ihre Mutlosigkeit, und ich dachte: Das kann sie doch nun locker lernen. Zu Hause trug Eva gerne einen zerrissenen Unterrock, sie sah dann aus wie eine Putzfrau, die allerdings nicht putzte. Das erste Mal, als sie das Waschbecken von ihren vielen Haaren befreien sollte, brach sie in Tränen aus – obwohl ich genervt war, war es wahnsinnig komisch. Ich arbeitete damals über Theorien des sozialen Lernens und war überzeugt, fast alles sei erlernbar – diesen Irrtum haben wir natürlich alle später korrigieren müssen – daher meine damalige Haltung: Das bringe ich ihr alles ganz schnell bei, vor allem das »Weg mit den Depressionen« oder »Mach den Mund auf im Theater, wenn du dich wehren willst«.

Wir hatten eine Sieben-Zimmer-Wohnung, ich bewohnte die vorderen Räume, dort stand ein Flügel, wo ich mit Sängern korrepetierte. Wenn ich für mich übte, legte Eva sich auf das Sofa und schlief, vor allem bei Schubert oder Chopin, sofort ein. Das war wirkungsvollste Therapie – und zugleich hatte ich in ihr ein Opfer gefunden, um alle Lieblingswerke, mit denen ich aufgewachsen war, wieder aufzunehmen. Es fing mit den Brahmsschen Volksliedern an, die wir bis heute noch manchmal singen, ging dann weiter mit den wunderbaren Schumann- und Schubert-Liederzyklen bis hin zu Hanns Eisler, Arnold Schönberg, Alban Berg. Trotz meiner vielfältigen Aktivitäten in der Uni, Forschungsprojekten, kulturpolitischen Engagements brauchte ich das familiäre Aufgehobensein, und insofern hatte Eva eine wichtige Rolle. Wir teilten die einfachen und schönen Dinge des Lebens, gemeinsame Ausflüge an die Nordsee und das geliebte Elbufer, Künstlerfeste, zu denen wir regelmäßig in unsere Wohnung einluden, und nicht zuletzt das gemeinsame Singen. Mit Eva habe ich begonnen, die schönen Nebensächlichkeiten des weiblichen Lebens zu akzeptieren und vor allem zu genießen: sich Aufbrezeln für abendliche Streifzüge und für Theaterpremieren, den kleinen Luxus des weiblichen Narzissmus, von selbstgemachter Kosmetik bis zur abendlichen Fußmassage – die niemand besser kann als Eva. In diesem Sinne war unser Abhängigkeitsverhältnis gegenseitig. Nie habe ich jemanden in so jugendlichem Alter so diszipliniert und bis zur völligen Erschöpfung arbeiten sehen wie Eva. Trotz durchzechter Nächte bei »Cuneo« stand sie um Punkt neun am nächsten Morgen auf der Probebühne im Schauspielhaus, danach drehte sie häufig, dann hatte sie abends Vorstellung, nachts drehte sie noch einmal und dann kam sie nach Hause und war völlig fertig, kriegte Migräneanfälle, Notärzte mussten regelmäßig geholt werden ... Ich fand das unglaublich, was man mit ihr machte. Sie war so jung in die professionelle Theater- und Filmwelt hineingewachsen und wagte nicht, Nein zu sagen. Ich habe gelegentlich versucht, es für sie zu tun, aber das mochten die zuständigen Herren natürlich überhaupt nicht.

Dann gab es die Männer, die durch unsere Wohnung strömten und die tatsächlich alle in Evas Bett strebten, meist mit Erfolg, während sie nicht wirklich was davon hatte. Endlich verliebte sie sich, nur leider konnte der Typ es überhaupt nicht vertragen, dass noch jemand anderes in Evas Leben eine Rolle spielte. Sie sah sich in einem Konflikt, den ich durchaus verstand, aber sie war damals noch nicht stark genug, solche Widersprüche auszuhalten oder gar zu lösen. Es kam zu sehr unschönen Situationen, Eva konnte damit überhaupt nicht umgehen und verletzte, wie ich damals fand, unser Vertrauensverhältnis. Unsere erste Phase der freundschaftlichen Annäherung fand ein jähes Ende.

Eva war zwei Jahre aus meinem Leben verschwunden, und wir haben uns erst 1981 wiedergesehen: Eva mit einem kleinen Kind auf dem Arm und ich verheiratet. Beides war überraschend, weil ich ja damals, nach Aufgabe meiner Tamino-Träume, fünf Kinder in sämtlichen Hautfarben von zehn Männern haben wollte, und sie auf eine feste Beziehung zustrebte. An meinem Geburtstag klingelte es, ein Blumenstrauß lag vor der Wohnungstür, vom Balkon aus sah ich eine schlanke Schwarzhaarige, im Nacken geknotetes Haar, davoneilen. Aber ich konnte sie nicht gleich in meine neue Privatsphäre wieder aufnehmen, so verabredeten wir uns zu einer Fahrt an die Elbe. Als ich neben ihr im Auto saß, sah ich in das vertraute, aber veränderte Gesicht, sie war ernst und wunderschön geworden, auf dem Arm ein kleines glutäugiges Wesen, Hanna, in die ich mich sofort verliebte. Bei einem langen Elbufer-Spaziergang verwehten die alten Missklänge. Zu der Zeit, 1981, hatte ich auf Umwegen zur Kunst als meiner Hauptsache zurückgefunden.

Nach den aktiven Jahren in der Studentenbewegung und an der Universität begann ich, gemeinsam mit Peter, meinem Mann, einen neuen Lebensabschnitt der künstlerischen Produktion. Wir entwickelten jedes Jahr mehrere große literarisch-musikalische Bühnenprogramme mit einer Vielzahl von Aufführungen in Hamburger Theatern, Kirchen und Konzertsälen. Als ich Eva wieder traf, wohnte sie zeitweise mit Hanna bei uns. Wir bereiteten gerade einen Abend über alten und neuen Faschismus vor, und ich fragte sie, ob sie nicht Lust hätte, mit aufzutreten. Sie trug Gedichte und große literarische Texte vor, sang einige jiddische Lieder, von mir arrangiert und begleitet, darunter ein jüdisches Partisanenlied – und stand da, als wäre sie eine echte jüdische Widerstandskämpferin und trug zum Erfolg des Abends ganz enorm bei.

Von da an gingen Eva und ich, zusammen mit Peter, unseren besonderen künstlerischen Weg gemeinsam weiter. In den von uns gesuchten kultur- und gesellschaftspolitischen Zusammenhängen kam es zu etlichen Konflikten und Krisen, die uns zusammengeschweißt haben. Als wir ein erstes Friedenskonzert veranstalteten, wurde ich nach dem großen Erfolg gefragt, für den Krefelder Appell ein Konzert in der Dortmunder Westfalenhalle zu organisieren, ich begriff nicht, wo ich hineinrutschte. Es gab hinter den Kulissen für mich völlig neue politische Kämpfe, richtiger: bösartige Intrigen, zwei an sich nicht ganz kompatible Kräfte versuchten, die Organisation an sich zu ziehen, der immer aufgeschlossene Kommerz und die kommunistische deutsche Beton-Fraktion, die mit ihren »Unterwanderstiefeln« das Friedensthema und die Bewegung zu

dominieren versuchte. Hier ging's um Kasse, dort um die ersehnte Masse. Ich aber konnte nicht aufgeben, und so machten wir unabhängig weiter. Gemeinsam organisierten wir mehrere große, international besetzte Friedenskonzerte. In unserer Wohnung fanden die Vorbereitungstreffen statt, mit André Heller, Harry Belafonte und vielen anderen – daraus wurde eine große kulturpolitische Bewegung. Ich hatte Mitte der 70er Jahre den »Hamburger Sängerhaufen« gegründet, einen Chor, der – ähnlich wie der Westberliner Hanns-Eisler-Chor und andere Ensembles, die zur gleichen Zeit entstanden – sich musikalisch für politische Themen engagierte. Gerade vor dem Hintergrund der Friedensbewegung war es schwierig, bei den Chorsängern durchzusetzen, dass besonders für eine engagierte künstlerische Aussage künstlerisches Wissen, Disziplin und viele Proben Voraussetzung sind und dass es nicht genügt, eine schöne politische Meinung zu haben. Eva wurde durch ihre solistischen Auftritte ein leuchtendes Vorbild für die Laiensänger. Zum ersten großen Konzert in der Dortmunder Westfalenhalle kamen 25000 Menschen. Eva sang zusammen mit Angela Winkler und anderen auf Jiddisch, Türkisch und Russisch ... grenzüberschreitend. Die künstlerische und politische Arbeit in der Friedensbewegung, insbesondere die Organisation der großen Veranstaltungen »Künstler für den Frieden«, nach Dortmund auch in Bochum 1982 und Hamburg 1983, brachten uns als organisatorisch

und künstlerisch Verantwortliche und dem Chor als singende und helfende Kraft neue Erfahrungen im Wechselbad von Kunst und Politik. Wir möchten sie trotzdem nicht missen. Es hatte sich gezeigt, dass in all den Jahren unsubventionierter Arbeit es vor allem Künstlerinnen waren, die diese Arbeit engagiert und oft im Hintergrund getragen hatten, ohne Rücksicht auf ihre eigene Karriere.

1986 haben Eva und ich, zusammen mit anderen Initiatorinnen, gemeinsam die erste europäische Künstlerinnen-Biennale aus der Taufe gehoben, das Hamburger Festival der Frauen. Das Credo des Festivals seit seiner Gründung vor über fünfzehn Jahren – Gleichberechtigung der Kulturen, Gleichberechtigung der Geschlechter und aller Menschen – hat nichts von seiner Aktualität verloren. Die Künstlerinnen anderer Kontinente und die Initiatorinnen wollten auf dem Festival zeigen, dass jede künstlerische Tätigkeit immer auch ein Engagement in der und für die Gesellschaft bedeutet. Zu Beginn des Festivals gab es etliche, wieder nur scheinbar politisch motivierte Auseinandersetzungen und Intrigen. Und immer stand Eva in Krisenmomenten in erster Reihe und unerschütterlich zum gemeinsamen Engagement; das Festival wurde ein großer internationaler Erfolg, bei den Künstlerinnen, beim Publikum und für die Stadt Hamburg. Mitte der 80er Jahre brachte ich mit dem Hamburger Sängerhaufen Theodorakis' »Canto General« für zwölfstimmigen Chor und großes Schlagzeugensemble zur Aufführung. Die wunderbaren

Neruda-Gedichte, neu übersetzt von unserem Freund Hans Platschek, wurden von Eva gemeinsam mit Uli Wildgruber vorgetragen. Während des Lesens aufmerksame Stille, nach dem Schlusschor »America Insurrecta« brach ein nicht enden wollender Jubel aus. Eva war inzwischen ganz nach Hamburg gezogen, und wir haben ein Parallelfamilienleben gelebt, was ich sehr genossen habe, vor allem auch mit der kleinen Hanna. Sie hat in mir eine zweite Mutter, die sie über alles liebt.

Die Freundschaft zwischen Eva und mir besteht jetzt fast dreißig Jahre. In ihr habe ich einen Menschen, mit dem ich den Begriff Treue verbinde. Sie ist jemand, auf den ich mich vollständig verlassen kann, und ich habe selber die Bereitschaft, in jeder Situation zu ihr zu stehen. Wenn eine schicksalhafte Katastrophe hereinbrechen würde, ein finanzielles oder körperliches Unglück, wäre es ganz klar, daß Eva und natürlich auch Hanna sich auf mich bedingungslos verlassen können. Wir kennen keine Konkurrenzprobleme, wir leben beide autark und unabhängig. Zur Zeit bereiten wir in und für Berlin ein neues kulturpolitisches Projekt vor, ein Festival des Dialogs der Kulturen und der Künste, das »Fest der Kontinente«, und mit dabei sind viele Schauspieler und Sänger, die wir aus den Jahren unserer künstlerischen Produktionsgemeinschaft kennen, mit etlichen sind wir eng befreundet. Dieses jetzt genau zwanzig Jahre währende Engagement gehört zu unserem gemeinsamen Alltag. Ein unglaublicher Reichtum und es ist sehr kostbar, dass wir so wunderbar inhaltlich zusammenarbeiten können. Wir haben von zwei ganz unterschiedlichen Ausgangspunkten heute eine gemeinsame Ebene des Verständnisses erreicht.

Ich kenne niemanden, der so ist wie Eva. Sie hat eine unendliche Zuwendungskraft, ich habe so viel von ihr bekommen. Sie ist wie ein kleiner Elefant, weise, sie hält unglaublich viel aus, wie ich es an Frauen – und auch an Elefanten – immer bewundere, sie hat eine dicke Haut, und darunter ist ganz viel zu Hause, ein zartes Gemüt und ... sie hat so viel Verstand für die Kunst.

Eva Mattes

IRMGARD SCHLEIER

Eva Mattes

Freundschaft ist eine Lebensgrundlage, wie Liebe und Kunst auch, ein Ergebnis des Lebens und eine Voraussetzung. Ich kenne die Übergänge von Freundschaft und Liebe nicht und könnte nicht leben ohne beides.

Ich habe Irmgard im Sommer 1972 kennen gelernt. Ich war siebzehn Jahre alt und erst kurz in Hamburg, probierte »Stallerhoff« am Theater, fühlte mich sehr alleine und war schwer depressiv. Bei den Proben wurde ich von dem Regisseur nur heruntergemacht, sollte abnehmen, weil ich nackt auf der Bühne stehen musste, habe aber nur gegessen, weil ich unglücklich war. Kurzum, ich dachte, das wäre mein letztes Theaterengagement und war sehr erstaunt, als die Leute bei der Premiere getrampelt haben. Bei einer anschließenden Filmarbeit erzählte mir eine Schauspielerin von einer Wohnung, die sie in Hamburg hätte und wo ich wohnen könnte. Als ich wieder in Hamburg war, rief ich dort an und verabredete, vorbeizukommen. Ich ging also mit meinem komischen roten Koffer die Treppen hoch, ein junger Mann öffnete mir, führte mich in die Küche und fragte: Willst du einen Kaffee? Irmgard kommt gleich. Da dachte ich: Irmgard, wer mag das sein? Da stand Irmgard schon in der Tür und guckte ein bisschen streng, als ich erzählte, dass man mir gesagt hätte, ich könnte hier wohnen, habe dann aber sofort hinzugefügt: Wenn es nicht passt, gehe ich gleich wieder. Ich merkte, dass das, was man mir gesagt hatte, nicht stimmte, sondern dass die Wohnung offensichtlich Irmgard gehörte. Alles war geordnet und wunderschön und gar nicht so, wie es mir beschrieben wurde. Irmgard wurde aber auf einmal freundlicher und sagte: Jetzt bleib erst einmal hier, du kannst ja nicht einfach auf die Straße gehen, und etwas später: Wollen wir heute Abend ausgehen? Ich war erleichtert. Wir machten uns schön, und das war das erste Mal, dass wir im Bad zusammen vor dem Spiegel standen und uns aufputzten. Die Stimmung war freundschaftlich und lustig, weil wir im Spiegel sahen, wie unterschiedlich wir waren. Ich war an diesem Abend zum ersten Mal mitten im Leben in Hamburg. Ich fühlte mich aufgenommen, und wir haben uns wunderbar unterhalten. Als Irmgard sagte: Du kannst bleiben, war ich glücklich.

Der eigentliche Anfang unser Freundschaft war ein paar Tage später. Ich war wirklich depressiv und fraß dagegen an. Irmgard ging nachmittags mit Freunden aus, und ich blieb alleine zurück, weil ich mich so hässlich fühlte. Als ich die Zimmer ein wenig einrichten wollte, fand ich ein Buch, das hieß »Fettsucht und Melancholie«, und ich las den ganzen Nachmittag heulend darin und dachte immer: Das bin ich, das ist ein Buch über mich, und war völlig verzweifelt. Als Irmgard nach Hause kam, sah sie mich an und fragte: Was ist los? Ich sagte: Ich habe dieses Buch gelesen, und jetzt ist alles aus. Quatsch, hat sie gesagt, du gehst jetzt einkaufen, dann lernst du die Straße und die Leute kennen. Du musst dich ablenken und nicht immer über dich nachdenken. Bis ich nach Hamburg kam, hatte meine Mutter in München alles für mich geregelt, sie hat mich zu meinem Beruf gefahren und wieder abgeholt, deswegen konnte ich nicht Straßenbahn fahren. Ich habe diszipliniert gearbeitet und die Familie ernährt. Als ich alleine war, merkte ich plötzlich, dass ich viele Dinge gar nicht konnte und dass ich Angst vor Menschen hatte. Irmgards Beschäftigungsprojekt war geglückt: Das Einkaufen tat mir gut. Ich stellte fest, dass die Leute mich aus der Zeitung kannten, und alle waren wahnsinnig nett zu mir. Ich kam fröhlich schwitzend nach Hause. Es hat dann zwar noch viele Jahre gedauert, weil ich die Depression nun einmal hatte, aber ich konnte viel besser damit umgehen.
Unser Verhältnis war einerseits dieses Mutter-Tochter-Verhältnis, weil Irmgard mir sehr viel beibrachte, und ich hatte eine grosse Hochachtung vor ihr, andererseits war es ganz freundschaftlich-fröhlich zwischen uns. Ich war inzwischen richtig im Theaterbetrieb, wir sind gemeinsam in die Premieren gegangen, haben manchmal tagelang gefeiert, viele Künstler kamen zu uns nach Hause. Sowohl einige Theaterleute als auch meine Freunde hatten immer eine Art von Eifersucht Irmgard gegenüber, weil unsere Freundschaft, unsere Liebe sehr stark war. Wir waren stadtbekannt, und viele vom Theater fragten mich: Was ist das, du mit deiner Freundin? Sie vereinnahmt dich!, und ich merkte, dass sie mich nicht verstanden. Für mich war Irmgards und mein Verhältnis das Normalste auf der Welt.

Ich hatte von klein auf intensivste Mädchenfreundschaften, die waren immer Lieben. Gleichzeitig waren wir ein großer Anziehungspunkt für die Leute. Sie fanden Irmgard toll, sie war ein nicht einzuordnendes schillerndes Wesen, spielte zu Hause Tschaikowski und Schubert, und sie sangen mit, und wir haben tolle Essen gemacht. Das fanden sie alles wunderbar, aber gleichzeitig griffen sie sie an. Auf der anderen Seite stand Irmgard dem Theaterbetrieb sehr kritisch gegenüber. Ich hing dazwischen, war vollkommen erschöpft und fühlte mich erdrückt. Ich dachte: Verdammte Scheiße, ich will Fehler machen dürfen. Und ich machte Fehler, bis Irmgard sich wehrte: Bis hierher und nicht weiter, so will ich das nicht mehr, und so kann ich es nicht mehr. Ich hatte sie verletzt.
Es kam zum Bruch zwischen uns, zur selben Zeit ging Ivan Nagel weg, und ich wusste, in Hamburg habe ich gar nichts mehr verloren, denn die Stadt hieß für mich Theater und Irmgard. Ich habe Sack und Pack genommen und bin nach München zu meiner Schwester gezogen. Obwohl Irmgard versucht hatte, mir begreiflich zu machen, warum dieser Bruch sein musste, konnte ich es nicht verstehen. Ich hatte von meinem vierten Lebensjahr an einen Hintern und zwei braune große Augen, und darauf haben die Menschen reagiert, Männer wie Frauen. Daraus habe ich meine Anerkennung gezogen, weil ich nach nichts anderem gesucht habe als nach Liebe. Wenn die Männer sagten: Lass uns noch einen Kaffee bei dir trinken, wollte ich wirklich einen Kaffee trinken und die Menschen kennen lernen. Aber sie landeten bei mir im Schlafzimmer, und ich konnte nicht Nein sagen, weil ich dachte, wenn ich Nein sage, werde ich nicht geliebt. Ich lebte bei meiner Schwester, die schwanger war, und für mich war die Welt zu Ende, ich war völlig verzweifelt. Meine Schwester bekam irgendwann ihr erstes Kind, und ich fand eine Wohnung in derselben Straße. Als ich die Tür aufsperrte, dachte ich: So, und jetzt kann ich auch ein Kind kriegen. Ich wurde tatsächlich schwanger. Ich war so alleine in dieser Schwangerschaft und so unglücklich, dass ich dachte: Wenn ich mich aufs Bett lege, müsste ich eigentlich sterben.

Ich hatte ein Kind im Bauch und musste immer an Irmgard denken, weil ich auf einmal vieles von dem verstanden habe, was sie mir über das Leben, über Freundschaft, Liebe und so weiter immer begreiflich machen wollte. Ich wollte sie erst wieder anrufen, wenn ich ein eigenständiger Mensch war. Ich habe von da an alles bewusst durchlebt, und je dicker mein Bauch wurde, desto stärker wurde ich. Dann wurde dieses süße Kind geboren, aber mich quälte das Verhalten des Kindvaters, der ab und zu kam, aber sich nie richtig äußerte, was werden sollte. Aus der Zeitung erfuhr ich, dass da schon längst eine andere Frau war. Das war der Moment, in dem ich dachte: Zwischen mich und mein Kind kommt nichts und niemand. Ich habe so gelitten, dass mein Schmerz sich auf das Kind übertrug und endlich konnte ich sagen: Bitte, geh. Ich fing nach drei Monaten wieder an zu arbeiten und nahm Hanna überall mit hin. Als ich in Hamburg arbeitete, fühlte ich mich so reif und gefestigt, dass ich Irmgard anrufen konnte. Ich hatte gehört, dass sie verheiratet war. Ihr Mann war am Apparat, und er war sehr nett und freundlich, als würde er mich kennen. Ich gab ihm meine Telefonnummer, und Irmgard rief mich bald an. Wir

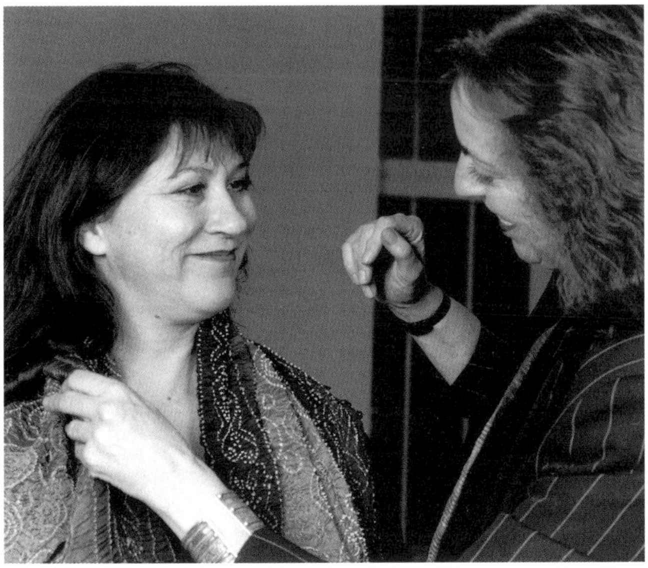

trafen uns, und es war sofort wieder Nähe zwischen uns. Es war die Zeit der Friedensbewegung, für die Irmgard und ich aktiv waren. Mir aber wurde durch diese politische Arbeit klar, was Inhalt ist. Irmgard sagte immer: Man kann sich nicht einfach hinstellen und ein Lied singen, man muss es auch verstehen können. Gedichte zu sprechen war immer eine Schwierigkeit für mich gewesen. Ich bin ja Autodidakt und habe lange gebraucht, bis ich meine Stimme gefunden habe. Plötzlich stand ich vor vielen Menschen und sagte ein Brecht-Gedicht, und während ich es las, sah ich in die Augen der vielen Menschen, die an meinen Lippen hingen, und ich merkte, sie verstehen die Worte. Es war ein Miteinander über den Inhalt dieses Gedichtes, wie ich es vorher noch nicht erlebt hatte.

Ich wohnte eine Zeit lang mit Hanna bei Irmgard und Peter, als ich »Der Widerspenstigen Zähmung« in Hamburg spielte, und sie haben sich liebevoll um Hanna gekümmert. Irmgard hat gemerkt, dass ich eine andere geworden war, und ich habe es auch im Gegenüber gemerkt. Für das Goethe-Institut in Paris sollte ich einen Abend gestalten, und Irmgard, Peter und ich stellten innerhalb von einer Woche ein Programm zusammen: Von Ulm nach Metz, von Metz nach Mähren. Vom 30-jährigen Krieg bis heute mit all den großen Texten von Matthias Claudius und die »Courage« von Brecht, Rühmkorf und auch jiddische Lieder. Es wurde ein grandioser Abend im Théâtre de l'Odéon, den wir danach in Hamburg wiederholt haben und später über viele Jahre erfolgreich aufgeführt haben. Irmgard und ich haben all die Jahre vieles gemeinsam auf die Beine gestellt, große Friedenskonzerte, das Hamburger Frauenfestival, und wunderschöne Liederabende.

Ich kenne niemanden so lange wie Irmgard, und unsere Freundschaft hat vieles überstanden und ist ganz natürlich gewachsen. Ich kann heute viel besser trennen. Ich akzeptiere, dass Menschen sich nicht unbedingt miteinander verstehen, nur weil ich sie beide liebe. Irmgard kennt mich so gut; wenn es mir schlecht geht, ich weiß selber noch nicht genau, was es eigentlich ist, würde sie beim ersten Ton wissen, was los ist, und sie kann mir wahrscheinlich auch sofort sagen, was es ist und woran es liegt. Wenn ein

Problem sehr groß ist und ich mich lieber beherrschen will, denke ich, jetzt bloß nicht Irmgard anrufen, dann breche ich zusammen. Aber dann werde ich natürlich aufgefangen, und darum ist es so schön, dass wir jetzt in derselben Stadt leben. Wir sind oft für das Festival der Frauen zusammen gereist, um Produktionen auszusuchen. Das war besonders schön. Wir wollten etwas ganz Bestimmtes, sahen uns Produktionen an, sprachen anschließend mit den Leuten und gingen dann noch Shoppen und gut Essen.
Rivalität hatten wir nie. Irmgard hat lange wunderschöne Beine, all das, was ich immer haben wollte, und ich habe mich irgendwann dazu durchgerungen zu sagen: Meine Beine haben Charakter. Wenn wir ausgingen, hatte Irmgard endlos hohe Hacken an, einen Minirock und diese flammenden Haare. Und ich hatte einen weißen langen Unterrock aus alter Wäsche und so komische Clogs an, in der Mitte einen schweren indischen silbernen Gürtel. Mit meinem Hintern wackelnd, bin ich hinter diesen langen Beinen hergedackelt. Es gab gar keine Möglichkeit zur Konkurrenz, wir waren so unterschiedlich, und jede hatte ihre ganz eigeneWirkung.

Ich habe zum Schluss noch eine Rede, die ich zu Irmgards fünfzigsten Geburtstag gehalten habe. Die möchte ich gerne gedruckt haben: *»Als ich dich kurz kannte, damals, als wir beide noch ganz jung waren, wünschte ich mir, ich könnte eines Tages sagen: Irmgard kenne ich schon zwanzig Jahre. Jetzt sind wir dreiundzwanzig Jahre ganz schön dick befreundet. Die Jahre unserer Hamburger Wohngemeinschaft und unserer gemeinsamen Arbeit für die Kunst haben mich geprägt und gestärkt – bis heute. Durch dich habe ich gelernt zu singen, zu kämpfen, mich zu entspannen, fröhlich zu sein, dass das Leben trotz allem immer weitergeht und vieles mehr. Ich liebe dich für deinen Mut, deine Toleranz, deinen Humor und dein Verständnis für alle Dinge, die das Leben ausmachen. Du bist so unerschrocken und erstaunlich. Ich vermisse dich. Du bist mir unersetzlich. Du bist und bleibst mein bestes Kreislaufmittel. Hoch sollst du leben und lang sollst du's treiben.«*

1975

BARBARA SCHLÖNDORFF UND MARGARETHE VON TROTTA

dreiundsechzig und neunundfünfzig

Haus- und Gartenfrau und Regisseurin

Freundschaft war mir immer sehr wichtig, wichtiger fast als Liebe.

Ich hatte schon während meiner Schulzeit viele Freundinnen, nicht nur eine, und auch keine »Busenfreundin«. Meistens waren es fünf oder sechs oder sogar mehr. Das hat manchmal zu Eifersuchtsszenen zwischen ihnen geführt, nicht alle konnten begreifen, warum ich mich nicht auf sie, als einzige, beschränken wollte. Wahrscheinlich hängt das, wie so vieles, mit meiner Kindheit zusammen. Ich hatte keine Familie im traditionellen Sinn, mein Vater lebte nicht bei uns, und Geschwister gab es nicht. Also war die einzig anwesende, einzig geliebte Person meine Mutter. Das war einerseits herrlich, weil ich ihre ganze und ausschließliche Liebe bekam, andererseits hatte sie aber immer Angst, ihr könnte etwas zustoßen und ich stünde ganz alleine da. Diese Angst hat sie auf mich übertragen. Und gegen sie hilft wohl nur, dass man sich vielen Menschen gleichzeitig und gleichermaßen öffnet und zuwendet.

Meine Freundschaft mit Barbara Schlöndorff ist trotzdem etwas Besonderes. Sie besteht schon lange und hat meine Ehe mit Volker Schlöndorff überdauert. Ich habe Barbara 1969 kennen gelernt, im selben Jahr, in dem ich Volker kennen gelernt habe. Detlef, Volkers Bruder, und Barbara waren schon damals ein Paar und lebten genau wie wir in München, sodass wir uns oft »en famille« gesehen haben. Trotzdem ging die Begegnung mit Barbara ziemlich schnell über diesen familiären Zusammenhang hinaus. Eigentlich war es, jedenfalls von mir aus, Liebe auf den ersten Blick, obwohl Barbara sehr zurückhaltend ist und Menschen nicht so schnell wie ich an sich heran lässt. Zu mir hatte sie von Anfang an Vertrauen. Schon während unserer ersten Reise – wir besuchten zu viert den Vater der beiden Brüder – kamen wir uns nahe. Ich war einerseits sehr verliebt in Volker und glücklich, andererseits aber auch zutiefst unglücklich, weil ich meinen Sohn Felix nicht bei mir haben konnte. Barbara hat das gespürt und verstanden, obwohl sie selbst damals noch gar keine Kinder hatte. Als sie dann später ihre Kinder bekam, waren sie von Anfang an irgendwie auch meine Kinder. Ich glaube, auch das ist wichtig in einer Freundschaft, diese freiwillig gewählten »Bande«. Barbara hat Malerei und Germanistik studiert. Sie spielt Klavier und Violine und hat einen originellen und doch präzisen, analytischen Blick auf Kunst und Literatur. Neben dem Filmemachen sind Bücher, Malerei und Musik auch für mich wichtig. Diese gemeinsamen Interessen verbinden uns natürlich auch.

Aber das, was uns am meisten zusammengeschmiedet hat, ist wohl die Tatsache, dass Barbara, so wie ich, nur mit einer Mutter – sie allerdings noch mit zwei Schwestern und einem Bruder – aufgewachsen ist, ohne Vater. Wir waren beide mit Männern verheiratet, deren Mutter sehr früh gestorben ist. Die beiden Brüder sind also in einem reinen Männerhaushalt aufgewachsen. Dadurch fühlten wir uns beide oft von ihnen unverstanden. Sicherlich ging es ihnen mit uns umgekehrt genauso, nur haben sie es besser überspielen können. Die Gesellschaft der Patriarchen gegen die der Frauen – so kam es uns manchmal vor. Wir spürten immer ganz genau, was die andere bewegt und wo ihre Schwierigkeiten liegen. Dadurch entstand eine Kraft und Solidarität zwischen uns, worauf unsere Männer manchmal richtig eifersüchtig wurden. In meinem Film »Heller Wahn« habe ich versucht, dieses Phänomen zu beschreiben.

Zu Beginn unserer Freundschaft war ich für eine gewisse Zeit die Kräftigere, die ihr Mut gemacht hat, sich zu äußern und auch zu wehren. Oft habe ich für uns beide gestritten

und mir dafür den Zorn der Brüder eingehandelt. Barbara war dann jedesmal betrübt, dass sie mich allein gelassen hat, aber so war es eben, und ich habe ihr das nie übel genommen. Heute ist es genau umgekehrt. Sie ist die Rebellin, und ich bin eher die Sanfte geworden. Sie versteht meine Filme, manchmal habe ich das Gefühl, sie ist ich, und ich bin sie, das ist ja auch ein wiederkehrendes Thema in meinen Filmen. Der Arbeitstitel von »Die bleierne Zeit« war »Der Tausch«, womit der Rollentausch gemeint war, und auch Barbara und ich haben in gewissem Sinne die Rollen getauscht. Barbara und ihr Mann sind nach einer gewissen Zeit nach New York gezogen, weil ihr Mann als Arzt und Wissenschaftler an ein bedeutendes Krankenhaus berufen wurde. Sie lebten über zwanzig Jahre dort, und ich habe sie oft besucht, mindestens einmal im Jahr. Zum Teil habe ich meine Drehbücher in ihrer Wohnung geschrieben, und Barbara war immer die erste, die die Seiten zu lesen bekam. Im Sommer trafen wir uns dann in Volkers Haus in Italien. Barbara war zwei Monate mit den Kindern dort, ich drei oder vier Wochen. Auch in Italien habe ich geschrieben, und sie musste alles begutachten. Seit sie nach Europa zurückgekommen ist, sehen wir uns wieder öfter. Barbara und Detlef haben ein Haus an der Loire. Barbara liebt es sehr, und immer wenn sie dort ist, versuche ich, wenigstens für ein paar Tage hinzufahren, von Paris aus ist das ja kein Problem.

Dann kochen wir zusammen, reden, trinken, reden, träumen. Ja, wir träumen immer noch. Sie gehört so sehr zu meinem Leben, dass wir nicht unbedingt dauernd telefonieren müssen. Ich weiß, wenn ich sie brauche, ist sie da, und sie weiß, dass ich da bin. Manchmal sagt sie scherzhaft: Wenn ich mich mal von meinem Mann trenne, komme ich zu dir. Sie wird sich sicher nie trennen, aber der Gedanke ist wie ein Schutz für sie. Sie hat zwar leibliche Schwestern, aber sie sagt, ihre wahre, ihre »Wahl«-Schwester bin ich. Und seit ich alleine lebe, gehöre ich zu ihrer Familie. Das ist schön und beruhigend und hilfreich.

Streit haben wir eigentlich noch nie gehabt, auch keine Konflikte. Das heißt nicht, dass wir unkritisch sind. Sie weist mich manchmal zurecht, und ich sage ihr, was mir nicht gefällt, zum Beispiel ruft sie mich fast nie an, das muss immer ich machen. Außerdem dränge ich sie zu schreiben, zu malen, weil ich sie für eine außergewöhnlich begabte Frau halte. Nur ist sie »leider« ein Wesen, das so selbstkritisch und anspruchsvoll zugleich ist, dass sie lieber gar nichts macht als das Falsche. Ich dagegen habe es immer mit Brecht gehalten: »Auch wenn ihr Scheiße macht, ist es besser, als wenn ihr gar nichts macht.«

In meinen Augen ist sie die Begabtere von uns beiden, und mich regt schon manchmal auf, wenn sie so gar nichts aus ihren Talenten macht. Ich denke, sie wäre eine gute Schriftstellerin geworden. Wenn ich eine lesbische Frau wäre, was ich nicht bin, wäre sie meine Frau. Zumindest würde ich mich um sie bemühen. Ich finde sie schön und intelligent und anziehend. Und warum soll eine gewisse erotische Anziehung einer Freundschaft schaden?

Margarethe von Trotta

Barbara Schlöndorff

Freundschaften habe ich in meinem Leben nur ganz wenige gehabt, dafür aber sehr intensive. Das Wichtigste ist, dass man sich wohl miteinander fühlt und sich aufeinander freut – wie kleine Kinder auf Weihnachten.

Ich habe Margarethe kennen gelernt, als ich schon mit Detlef Schlöndorff befreundet war. Da Detlef sehr an seinem großen Bruder hängt, haben wir ihn in München besucht, wo Volker gerade einen Film drehte. Dort hat er uns von seiner neuen Freundin erzählt, und wir haben sie auch kennen gelernt: die Margarethe. Das war im Herbst 1968. Wir Frauen haben uns angesehen, und es hat gleich fest gestanden, dass wir uns mögen. Ich bin davon überzeugt, dass Freundschaft, wie auch alle anderen menschlichen Beziehungen, etwas mit Chemie zu tun hat. Bei Margarethe stimmte sie gleich, vom ersten Moment an, obwohl sie und Volker für mich damals unerreichbar schienen. Unsere Freundschaft hat sich erst später entwickelt, als wir beide mit den Brüdern verheiratet waren und die Sommer in Italien zusammen verbrachten.

Margarethe war im Grunde meine Einführung ins Leben. Ich war sehr unsicher und ängstlich. Sie hat mich aufgebaut und für mich gekämpft. Immer, wenn sie merkte, dass ich mich verletzt fühlte, ist sie für mich aufgestanden. Sie hat mir gezeigt: Wehr dich! Fang an, dich zu wehren. Das hat zwar nicht gleich funktioniert, aber schließlich viel bei mir bewirkt. Auch wenn sie nicht in der Nähe war, hatte ich Margarethe doch immer als innere Stimme bei mir. So hat sie ein Stück von mir geformt. Das mag ja so klingen, als hätte ich vieles nicht alleine fertig gebracht, aber ich glaube, man braucht immer jemanden, der einem hilft.

Unsere Freundschaft hat sich sehr intensiviert, als ich ab 1970 in New York lebte. Dort fühlte ich mich anfangs sehr allein. Ich habe ja jahrelang nicht gearbeitet, immer zu Hause gehockt. Wenn ich dann im Sommer nach Italien kam, traf ich dort Margarethe. Und dann ging es los: Was hast du gemacht, was hast du gelesen? Wir haben über die Zeit, die wir nicht miteinander verbracht haben, geredet – und über noch viel mehr. In den über zwanzig Jahren, die wir in New York verbracht haben, kam sie mindestens zweimal im Jahr zu Besuch, was genauso wunderbar war. Wir stimmen natürlich mit der Beurteilung von Problemen nicht immer überein, aber aufeinander zu hören und den anderen zu verstehen, das haben wir besser und besser gelernt.

Ich mag alles an ihr. Was sie macht, wie sie aussieht, wie sie denkt, wie sie spricht, wie sie Dinge beurteilt, die Art, wie sie traurig sein kann – ihre Intensität in allem. Ihre Arbeit bewundere ich sehr, vor allem wie sie kämpft, so mutterseelenallein. Natürlich hat sie ihre Vorbilder, wie sie aber ihr absolut Eigenes im Leben durchzusetzen versteht, grenzt für mich schon ans Heroische. In dieser Beziehung ist sie wirklich eine Powerfrau. Viele mögen das als bedrohlich empfinden – ich liebe es. Wir haben gar nicht oft die Gelegenheit, uns zu sehen. Doch freue ich mich immer, ihre Stimme am Telefon zu hören. Wenn ich weiß, dass wir uns in München oder Paris treffen werden, ist das die absolute Freude. Es ist, als käme man nach Hause, in einen Dunstkreis von Liebe und Vertrauen.

Körperliche Nähe gehört unbedingt auch zu einer Freundschaft, deshalb fallen wir uns beim Wiedersehen immer in die Arme. Wir lieben es, zusammen zu kochen. Das war damals in Italien schon so. Und wenn Margarethe jetzt nach Beauregard kommt, wo wir eine Riesenküche haben, kochen wir natürlich auch dort. Die Küche ist dann der Ort der Frauen, wo ungestört über alles geredet werden kann. Ein wichtiges Gesprächsthema ist natürlich immer Margarethes Arbeit. Gerade habe ich den Anfang ihres neuen Drehbuchs gelesen, und ich gebe dann auch immer meinen kleinen Senf dazu. Wenn wir von einem Buch begeistert sind, dann wird auch die Freundin damit überfallen. Im Augenblick lesen wir parallel »Das elegante Universum«, ein Buch über die neuesten Erkenntnisse der Astrophysik. Das ist so spannend geschrieben, dass selbst Laien wie wir uns daran berauschen können. Zwischen uns geht es meistens um ganz konkrete Dinge, ein Buch, einen Film, Musik, oder auch einmal um die Männer.

Margarethe ist die einzige Person, auf die ich nie neidisch war, obwohl ich dieses Gefühl früher sehr gut kannte. Aber Margarethe gönne ich alles, wünsche ihr das Schönste und Beste dieser Welt. Mein Mann liebt Margarethe auch, ein wenig anders vielleicht als ich. Die beiden zusammen können eine Lebenslust verbreiten, die andere mitreißen muss. Meine Beziehung zu Margarethe berührt eine ganz andere Schicht als die Beziehung zu meinem Mann. Margarethe ist mir emotional näher als Detlef. Mit ihr kann ich Dinge besprechen, die ich ihm gegenüber gar nicht erwähnen würde. Er ist manchmal ein wenig eifersüchtig und sagt dann so von oben herab: Na, ihr Weiber, kocht ihr wieder eure Giftsuppe! Aber wir kommen auch zu dritt gut aus, obwohl ich lieber mit Margarethe alleine bin. Ohne sie hätte eine Dimension in meinem Leben gefehlt. Detlef liebe ich, und auch von ihm kann ich viel lernen – anderes halt. Er beeindruckt durch scharfen Verstand und viel Wissen, Margarethe bringt Farben ins Leben.

Unsere Freundschaft hat sich in den fünfunddreißig Jahren sicher gewandelt. Sie ist intensiver geworden und hat eine wunderbare Selbstverständlichkeit. Selbst wenn wir lange Zeit nicht zusammen sind, wirkt dieses Paket aus gemeinsamen Erfahrungen wie ein Polster, das Ängste dämpfen, wie ein Resonanzboden, der Freude verstärken kann. Diese Freundschaft führt wie ein wunderbar glatter, glänzender Faden durch mein Leben.

Maria Ahlbach-Tsagarakis

Geboren 1954 in Hadamar. Nach dem Besuch der höheren Handelsschule absolvierte sie eine Ausbildung zur Reisekauffrau. 1983 zog sie nach Mochlos auf Kreta, wo sie zunächst vom Fischfang lebte. Einige Zeit später pachtete sie ein Hotel und anschließend arbeitete sie für einige Zeit in einem Reisebüro. Seit 1996 besitzt sie mit ihrem Mann und zwei Töchtern ein eigenes Haus, in dem sie Gästezimmer vermietet.

Barbara Auer

Geboren 1959 in Konstanz. Nach dem Studium der Musik und Darstellenden Kunst in Hamburg arbeitete sie als Schauspielerin an verschiedenen Theatern. Für ihre Rollen in zahlreichen Kino- und TV-Produktionen erhielt sie unter anderem die Auszeichnung der *Goldenen Kamera*, den *Sonderpreis der Akademie der Darstellenden Künste*, den *Deutschen Filmpreis – Filmband in Gold* und den *Telestar*. Sie lebt mit ihrem Sohn und ihrem Lebenspartner in Hamburg.

Joelle Bernard

Geboren 1958 in La Hestre in Belgien. Nach der Ausbildung arbeitete sie als Psychiatriekrankenschwester in Brüssel. Sie zog 1980 nach Mochlos auf Kreta, wo sie zunächst bei der Olivenernte half und Muschelschmuck herstellte. Eine Zeitlang arbeitete sie gemeinsam mit einem alten Fischer und lebte vom Seeigelfang. Seit fünf Jahren hat sie ein eigenes Boot.

Gertrud Bielenberg

Geboren 1909 in Hamburg. Ihre Ausbildung zur Lehrerin für Handarbeit und Hauswirtschaft ergänzte sie mit einem Studium zur Gewerbelehrerin an der Universität Hamburg. Anschließend übernahm sie Tätigkeiten im offenen Arbeitsdienst einer Berufsschule, als Erzieherin im Kinderheim sowie in Umschulungs- und Ausbildungsmaßnahmen unter anderem für Landlagerführerinnen. Bis 1949 arbeitete sie an der Fachschule Fröbelseminar und von 1959 bis 1974 an einer Realschule in Hamburg-Osdorf. Sie hat zwei Töchter und lebt seit 1980 in St. Peter-Ording.

Käte Bielenberg

Geboren 1914 in Hamburg. Sie arbeitete zunächst als Landlagerführerin und Kindergärtnerin und absolvierte danach eine Jugendleiterinnenausbildung. Nachdem sie zwei Jahre als Fachoberlehrerin am Fröbelseminar gearbeitet hatte, heiratete sie und bekam zwei Kinder. Sie ist SPD-Mitglied und lebt in Hamburg-Blankenese.

Sarah Bochow

Geboren 1984 in Braunschweig. Sie ist Schülerin einer Gesamtschule und lebt mit ihren Eltern in Braunschweig.

Bärbel Bohley

Geboren 1945 in Berlin. Nach einer Ausbildung zur Industriekauffrau und kurzer Tätigkeit als Ausbilderin im Kulturbereich studierte sie an der Kunsthochschule Berlin-Weißensee und war danach freischaffende Malerin im damaligen Ost-Berlin. Sie engagierte sich für den Frieden, gründete verschiedene Initiativen sowie Bürgerbewegungen, die sich für Menschenrechte und den gesellschaftlichen Wandel in der DDR einsetzten. 1983 wurde sie wegen Verdachts auf landesverräterische Nachrichtenübermittlung zum ersten Mal inhaftiert. Im Anschluss an ihre zweite Inhaftierung 1988 wurde sie aus der DDR abgeschoben. Bald kehrte sie wieder in die DDR zurück, wo sie auch nach der Wende ihr politisches Engagement für Demokratie fortsetzte. 1999 endete ihr Mandat als EU-Beauftragte in Sarajevo für die Rückkehr von Flüchtlingen und den Wiederaufbau der Bürgerkriegsgebiete. Heute lebt sie in Kroatien.

FINA BOTHUR

Geboren 1951, in Bremen aufgewachsen. Nach ihrer Ausbildung zur Erzieherin studierte sie Sozialpädagogik und war mehrere Jahre im Bereich der Sozialarbeit tätig. Sie entschied sich für eine Neuorientierung und ließ sich zur Verlagskauffrau umschulen. Zu Beginn der 1980er Jahre war sie Mitherausgeberin einer Frauenliteraturzeitschrift und arbeitete in einem Frauenliteraturverlag. Seit 1986 ist sie selbstständige Verlagsvertreterin und in diesem Bereich auch als Beraterin tätig. Sie lebt mit ihrem Lebenspartner zwischen Bremen und Hamburg auf dem Land.

RUTH IRMGARD CHRISTIANSEN-FRETTLÖH

Geboren 1932 in Elbing/Westpreußen, 1946 Flucht in den Westen. Nach dem Besuch der Handelsschule in Hamburg studierte sie Deutsch und Religion, anschließend Theologie mit Promotion und Ordination sowie später Sozialpädagogik. Zunächst arbeitete sie als Tutorin an einer Missionsakademie und später als Kirchenrätin in Hamburg. Sie nahm eine gehörlose Pflegetochter auf. Als Pastorin war sie in Hamburg an verschiedenen Pfarrstellen tätig. Heute lebt sie auf Sylt.

CORINNE CUÉLLAR

Geboren und aufgewachsen in Zürich. Nach einer Lehre in London als Bildrestauratorin studierte sie in Wien und Chicago Papierkonservierung und -restauration. Zurück in Zürich, arbeitete sie in ihrem eigenen Atelier als Papierrestauratorin. 1986 heiratete sie den kolumbianischen Musiker Arturo Cuéllar, und gemeinsam eröffneten sie eine Kunsthandlung. Die beiden Kinder wurden in den Jahren 1990 und 1998 geboren. Neben ihrer Tätigkeit als Kunsthändlerin ist sie seit 1999 auch freie Malerin.

HANNELORE ELSNER

Geboren und aufgewachsen im bayrischen Burghausen. Mit fünfzehn Jahren ging sie nach München, wo sie die Schauspielschule besuchte. Sie übernahm Rollen in Filmen und auf der Bühne. In der Krimiserie »Stahlnetz« war sie zum ersten Mal im Fernsehen zu sehen. 1971 erhielt sie die *Goldene Kamera*, 1995 wurde sie für ihre Darstellung der Titelrolle in der Serie »Die Kommmissarin« mit dem *Telestar* ausgezeichnet und 2000 wurde ihr der *Deutsche Filmpreis* verliehen. Ihr Sohn wurde 1981 geboren. Sie lebt in Frankfurt am Main.

ADRIENNE GOEHLER

Geboren 1955 in Lahr. Erst studierte sie Germanistik und Romanistik in Freiburg, dann schloss sie ein Psychologiestudium in Hamburg an. Sie engagierte sich in den Bereichen Politik und Kultur in verschiedenen Projekten mit den Themenschwerpunkten Frauen, Macht, Kunst und Politik. Mit der Frauenfraktion der GAL zog sie 1986 in die Bürgerschaft ein. Seit 1989 ist sie Präsidentin der Hochschule für Bildende Künste in Hamburg und Mitglied in diversen Jurys, Räten und Beiräten.

JANINE GULDENER

Geboren 1957 in Zürich. Sie machte nach dem Abitur eine Ausbildung als Fremdsprachenkorrespondentin. 1980 zog sie nach Deutschland und heiratete. Von 1986 bis 1989 arbeitete sie unter anderem im Pressebüro von Jil Sander. Seit 1990 ist sie freie Fotografin. Sie lebt mit ihrem Mann und ihren drei Kindern in München.

KATJA HAVEMANN

Geboren 1947 in Oderbruch. Während der Oberschule ließ sie sich zur Schweinezüchterin ausbilden. Ein Jahr lang studierte sie Ökonomie in Berlin. Danach begann sie eine Ausbildung zur Erzieherin und parallel dazu das Studium in Leipzig, das sie als Jugenderzieherin abschloss. Seit 1970 lebte sie mit Robert Havemann zusammen in Grünheide. Die beiden heirateten 1973; im gleichen Jahr wurde die gemeinsame Tochter geboren. Von 1976 bis 1979 stand Robert Havemann unter Hausarrest und ständiger Bewachung. Nach dem Tod ihres Mannes 1982 war sie in verschiedenen sozialen und kulturellen Bereichen tätig und arbeitet seit 1997 als Sozialpädagogin in einer Jugendwohngemeinde.

Bettina Helmi

Geboren 1961 in Hamburg. Nach ihrem Studium arbeitete sie im Schauspielhaus Hamburg als Kostümassistentin und als Kostümbildnerin. Seit 1990 ist sie freie Kostümbildnerin. Sie lebt mit ihrem Sohn in Berlin.

Hella Kemper

Geboren 1966 in Warburg/Westfalen. Nach dem Studium der Germanistik, Medienwissenschaften und Pädagogik in Göttingen und Paderborn sowie vielen Reisen auf anderen Kontinenten war sie fünf Jahre Feuilletonredakteurin in Bielefeld. Seit Januar 2001 lebt sie in Hamburg und arbeitet als Redakteurin bei der Wochenzeitung *Die Zeit*.

Anja Kraft

Geboren 1974 in Karl-Marx-Stadt. Nach ihrer Ausbildung zur Reiseverkehrskauffrau arbeitete sie bis 2000 in der Gastronomie. Als angehende Erzieherin lebt sie heute in Hamburg.

Magdalene Krumbeck

Geboren 1956 in Vreden/Westfalen. In Bielefeld studierte sie Illustration und Typografie. Sie ist Herstellungsleiterin für den Peter Hammer Verlag und arbeitet als selbstständige Grafikerin für Buchverlage und Agenturen. Mit ihrem Mann lebt sie heute in Wuppertal.

DENISE LAU

Geboren 1975 in Karl-Marx-Stadt. Eine Zeitlang lebte sie in Ungarn, der Heimat ihrer Mutter. Nach dem Schulabschluss entschied sie sich für eine Ausbildung zur Restaurantfachfrau. Sie arbeitet in der Gastronomie und lebt seit 1994 in Hamburg.

BRIGITTE LEESER

Geboren 1949. Nach dem Studium der Literaturwissenschaft und Kunstgeschichte in Frankfurt am Main arbeitete sie als Dramaturgin am Hamburger Schauspielhaus, an der Hamburgischen Staatsoper sowie am Neumarkttheater in Zürich. Zusammen mit Adrienne Goehler rief sie 1986 die *Klabauternacht* in Hamburg ins Leben. 1988 und 1993 adoptierte sie ihre Kinder Ana und Julian. Sie arbeitet als Produzentin, Regisseurin und Bühnenbildnerin in freien Theater-Projekten und gibt seit einiger Zeit Seminare in Kreativem Schreiben.

JIL LICHTENBERG

Geboren 1984 in München. Nach der Trennung der Eltern 1986 lebte sie mit ihrer Mutter und ihrem Bruder in Hamburg. 1990 zog sie zu ihrem Vater und der Stiefmutter nach Braunschweig, wo sie ein Jahr später mit Sarah zusammen eingeschult wurde. 1991 und 1994 wurden ihre beiden Schwestern geboren. Heute lebt sie mit ihrem Vater und seiner dritten Frau in Braunschweig.

REGINA LORETH

Geboren 1962. Im Anschluss an das Abitur studierte sie Romanistik in Ludwigslust. Nach mehreren Sommern auf der Alp entschied sie sich für eine landwirtschaftliche Lehre und wohnte auch auf einer Schweizer Alp. Danach arbeitete sie in einem landwirtschaftlichen Alternativprojekt in Salzburg. Mit ihren zwei Töchtern lebt sie seit 1997 auf einem eigenen Biobauernhof in Schwand im Südschwarzwald.

EVA MATTES

Geboren 1954 in Tegernsee. Schon während der Schulzeit war sie gefragte Synchronsprecherin beim Fernsehen. Als 12-Jährige stand sie zum ersten Mal auf der Bühne und spielte fortan viele Rollen im Theater und vor der Kamera. 1970 und 1971 erhielt sie den *Bundesfilmpreis*, 1979 wurde sie mit der *Goldenen Palme* in Cannes ausgezeichnet. Nach zahlreichen Filmrollen und der Arbeit mit Rainer Werner Fassbinder spielte sie wieder mehr Theater und arbeitete intensiv mit Peter Zadek zusammen. 1987 debütierte sie als Chansonsängerin auf der von ihr und Irmgard Schleier gegründeten *Hammoniale*. Sie lebt mit ihren beiden Töchtern Hanna-Marie und Fanny in Berlin.

IRIS RADISCH

Geboren 1959 in Berlin. Nach ihrem Studium der Germanistik, Philosophie und Romanistik arbeitete sie als Fernsehmoderatorin und schrieb für *die tageszeitung*. Bei der Wochenzeitung *Die Zeit* war sie 1990 zunächst als Redakteurin im Feuilleton tätig, seit 1992 ist sie dort für das Ressort Literatur verantwortlich. Sie ist Jurymitglied für den *Ingeborg-Bachmann-Wettbewerb* und gehört seit 2000 als Kritikerin zum *Literarischen Quartett*. Mit ihren drei Kindern lebt sie in Hamburg.

EDDA RASPÉ

Geboren 1947 in Stade. Wie zuvor der Vater und der Großvater machte sie eine Goldschmiedelehre. Danach studierte sie an der Akademie der Werkkunst in Berlin. Sie hat zwei erwachsene Söhne, ist aktives Mitglied bei den Grünen und hat zwei Goldschmiedewerkstätten auf Sylt, in Keitum und in Morsum.

Alexandra von Rehlingen

Geboren in Landshut, aufgewachsen in München. Nach dem Studium der Sinologie und der Kunstgeschichte in Hamburg und München studierte sie an der Parson's School of Design in New York. Zusammen mit Andrea Schoeller gründete sie 1986 die PR-Agentur Schoeller & von Rehlingen in München. Sie eröffnete 1988 ein Büro in Hamburg, 1999 eins in Berlin. 1990 heiratete sie den Medienanwalt Matthias Prinz. Heute lebt sie in Hamburg.

Ulrike Schlager

Geboren 1961 in Baden-Baden. Nach dem Studium der Sozialarbeit in Freiburg war sie als Reisebegleiterin für Behinderte in Jugoslawien tätig. Bis 1999 arbeitete sie im Sommer auf der Alp in der Schweiz und im Winter in der Altenpflege, in der sie seit 2000 ausschließlich tätig ist. Sie ist verheiratet und hat eine Tochter.

Irmgard Schleier

Geboren 1944 in Schwerin. Sie studierte in Hamburg zunächst Klavier bei Conrad Hansen, außerdem Gesang und Musiktheorie, danach wendete sie sich Musik-, Literatur- und Sozialwissenschaft zu. An den Hamburger Hochschulen nahm sie verschiedene Lehraufträge an und war in der Forschung tätig. Sie dirigierte im In- und Ausland, war aber auch Produzentin und Regisseurin vieler Revuen. Nach der Organisation der Festivals *Künstler für den Frieden* von 1981 bis 1983 rief sie zusammen mit Eva Mattes 1986 das Künstlerinnen-Festival *Hammoniale* ins Leben. Die Dirigentin und Autorin lebt in Berlin und in der Nähe von Avignon.

Barbara Schlöndorff

Geboren 1938 in Köln. Zuerst studierte sie Kunstgeschichte in Marburg, dann Kunst in Kassel und Berlin; anschließend folgte ein Germanistikstudium, wiederum in Marburg. In Frankfurt war sie als Studienrätin für Deutsch und Kunsterziehung tätig. Mehrere Jahre lebte sie in New York, dort arbeitete sie als Bibliothekarin und Sachbearbeiterin für Wort, Theater, Tanz und Musik am Goethe-Institut, als Vertreterin des Carl Hanser Verlags und als Deutschlehrerin. Sie ist verheiratet, hat zwei Kinder und lebt seit 1994 in München.

Andrea Schoeller

Aufgewachsen ist sie bei der Großmutter in Ludwigshafen und den Eltern in London. Sie studierte Kommunikationswissenschaften, Politik und Geschichte in München und leitete im Anschluss die PR-Abteilung von Willy Bogner. 1986 gründete sie mit Alexandra von Rehlingen die PR-Agentur Schoeller & von Rehlingen in München, wo sie bis heute lebt.

Raja Schwahn-Reichmann

Geboren und aufgewachsen in Wien. Nach dem Studium der Konservierung und Technologie an der Wiener Akademie der Bildenden Künste erhielt sie an der Akademie einen Lehrauftrag als Restauratorin für alte Maltechniken. Von der Restauration wendete sie sich freischaffender künstlerischer Arbeit zu, um ihre Ausdrucksmöglichkeiten zu erweitern. Sie hat eine Tochter und lebt in Wien.

Margarethe von Trotta

Geboren 1942 in Berlin. Sie studierte der Deutsche Literatur und Romanische Sprachen. Ihre erste Bühnenrolle übernahm sie 1964; seit 1969 arbeitete sie mit führenden deutschen Regisseuren zusammen, erst als Schauspielerin, dann als Drehbuchautorin. 1975 war sie zum ersten Mal Co-Regisseurin. Ihren ersten eigenen Film drehte sie 1977. 1981 erhielt sie in Venedig den *Goldenen Löwen* und war danach mit weiteren Filmen bei internationalen Filmfestspielen erfolgreich. Sie war mit dem Regisseur Volker Schlöndorff verheiratet und hat einen Sohn. Heute lebt sie in Paris, nach einer Zwischenstation in Rom.

MA YUET-MING (»DER MOND SCHEINT«)

Geboren 1935 in China. 1949 floh sie mit ihrer Familie nach Hongkong und absolvierte dort eine Ausbildung zur Lehrerin. Während eines Aufenthaltes in Deutschland – an der Universität Hamburg und dem Annastift in Hannover – nahm sie an Fortbildungen in Sonderpädagogik teil und legte 1975 in diesem Bereich eine Prüfung in Hongkong ab. Sie arbeitete mit Behinderten und war Leiterin einer Schule für Sonderpädagogik. Sie lebt mit ihrem Mann in Hongkong und ist seit 1996 pensioniert.

Danksagung

Jede einzelne Frau dieses Buches hat mir ihre Tür geöffnet, die eine spontan, die andere zögernd. Alle haben mich an ihrer Freundschaft teilhaben lassen, und ich habe viel gelernt, dafür danke ich. Ganz besonders danke ich meiner Lektorin Nicola T. Stuart, die auch in schwierigen Situationen die Ruhe bewahrt hat und mich mit Professionalität und Humor unterstützt hat.

Die Deutsche Bibliothek – CIP-Einheitsaufnahme
Ein Titeldatensatz für diese Publikation ist bei
Der Deutschen Bibliothek erhältlich.

2. Auflage 2001

Gestaltung und Satz: Gunda Mertens, Alexandra Specht, Hamburg
Fotos Janine Guldener: © Ingrid Theis (S. 26), © Janine Guldener (S. 23, 30, 33)
Foto S. 101: AKG, Berlin
Satz aus der Walbaum
Druck bei Book Print, Barcelona
Printed in Spain
ISBN 3-8067-2520-9